高效演讲与口才

世界演讲冠军的
59堂训练课

[新加坡] 戴文杰◎著

EFFICIENT SPEECH
AND ELOQUENCE

国际文化出版公司
·北京·

图书在版编目（CIP）数据

高效演讲与口才：世界演讲冠军的59堂训练课 /（新加坡）戴文杰著. -- 北京：国际文化出版公司，2020.12

ISBN 978-7-5125-1244-3

Ⅰ. ①高… Ⅱ. ①戴… Ⅲ. ①演讲②口才学 Ⅳ. ①H019

中国版本图书馆 CIP 数据核字（2020）第 175110 号

北京市版权局著作权合同登记号：图字：01-2020-4537 号

高效演讲与口才：世界演讲冠军的59堂训练课

作　者	[新加坡] 戴文杰	
责任编辑	于慧晶	
监　制	胡　峰	
策划编辑	王劲松	
出版发行	国际文化出版公司	
经　销	全国新华书店	
印　刷	北京柯蓝博泰印务有限公司	
开　本	710毫米 ×960毫米	16开
	13.5 印张	120千字
版　次	2020 年 12月第 1 版	
	2020 年 12月第 1 次印刷	
书　号	ISBN 978-7-5125-1244-3	
定　价	42.00 元	

国际文化出版公司
北京朝阳区东土城路乙 9 号　　邮编：100013
总编室：（010）64271551　　传真：（010）64271578
销售热线：（010）64271187
传真：（010）64271187-800
E-mail：icpc@95777.sina.net

推荐序

浩尔（简德浩）

人气口译员
创译语言顾问首席口译员

认识文杰（Darren），是从他震撼世界的全球冠军演讲开始的。

面对世界的舞台上，一口流利英语，乍听似是反霸凌的演讲，仔细听下去，此中有深意，是要观众摆脱自己内心的“恐惧恶霸”之魔爪。

这样年轻的亚洲面孔，实在让人好奇，是什么样的生长背景和扎实训练，让他过关斩将打败世界各地的沙场老手呢？因为他获邀来中国台湾演讲的机缘，我有幸担任他的口译员，也因此有机会认识他，向他学习。

原来，这位年轻的新加坡律师来自华人家庭，认真上进的他在学期间便接受辩论和法学院的训练，遇到不同场合的司仪主持机会也把握学习，之后参与国际演讲协会（Toastmasters International）后更是发光发热，如今更创立沟通训练机构，创业卓然有成。

如此年轻有为的他为人踏实，待人真切、热情又谦和。活动当天理所当然风靡全场，观众无不为他散发的魅力和激励话语所感动。我们口译员在口译厢也相当激动，同声传译着这股撼动世界的活力！

同为演讲者和青年创业家，非常高兴文杰的“世界冠军心得”著作即将出版，分享多年累积的功力与心法，嘉惠众多读者！更荣幸能推荐本书。在出版社的用心编排和译者的努力下，文杰精练又幽默的英文原文书最终化为各位手中这本丰富的中文书。

也许你觉得演讲离你很遥远，但其实你每天都需要沟通，而这本书的核心，正是沟通。在看这本书的过程中，处处惊叹他精准的描述与观察，这都是舞台上点滴磨练的肺腑心得和练功进步的方式。大力推荐这本真切、务实的著作，愿大家练功愉快！

冯安强

演说教练
畅销书《Get To The Point》作者

演说是生活的重要环节。不论身为学生、主管或企业家，对内对外，都必须发表演说。在内部，向师长、员工或团队成员演讲；在外头，则是向客户、利害关系人及公众演讲。你不仅需要传递信息，还必须发挥影响力并鼓舞人心。

影响演说能力的因素很多，你必须确保自己有万全的准备，以提供各种形式的演说，不论正式或非正式皆当如此。

多年前，股神巴菲特（Warren Buffett）被问了一个问题，“一个人如何在企业界获得成功？”他回答：“掌握公开演说技巧。”甚至我们（新加坡）的前教育部长黄永宏医师也同意此观点。他在一次的演讲中提醒莘莘学子，“良好的沟通能力将让他们在全球化的世界中更具竞争优势。”

现在，既然你已深知掌握演说技巧的重要性，那么，下一步该如何做呢？其中一个方法，当然就是建立这方面的知识。

《高效演讲与口才》将会是良好的开端，因为作者戴文杰在大型观众前演说的经验丰富，现在，你可向他学习，借由阅读其著作，你能避免他曾犯过的错误，并采用他提供的适当的有效策略。

然而，光是阅读还不够，你还需要大量练习！最优秀的游泳选手总是在泳池里，而最棒的网球选手永远在球场上。因此，若想成为最好的演说家，你得一直在舞台上，这意味着你必须寻找各种练习演说的机会，像是加入国际演讲协会分会、自愿主持朋友的婚礼、在业务会议上提问或自愿主持工作会议，方法不胜枚举。只要不断累积上台的时间，你便能善于公开演说，并享受伴随而来的好处。

在此，祝福各位在精进公开演说的历程中一切顺利，期待大家分享你们的收获！

Bryan Ong

It’s IMPOSSIBLE 集团励志演说家
畅销书《It’s IMPOSSIBLE》作者
ToGather. Asia 创办人

两年前与文杰初识时，当时的印象是他是相当成功的演说家，非常积极进取，而且对公开演说这个领域满怀热忱。那时，我询问他未来的计划，他立刻提及自己正在撰写公开演说指南，两年后的今天，这部精彩著作终于开花结果。

同样身为作者与公开演说家，能为这本《高效演讲与口才》写序，我深感荣耀且引以自豪。《高效演讲与口才》涵盖了所有打动观众的演讲必备知识，从说服型演说、幽默演说到励志演说，甚至是即席演讲都一应俱全。对于希望促进自身演说能力的人，相信本书将提供宝贵的意见与要诀。

若你正着手进入演讲领域，《高效演讲与口才》绝对是迄今市面上数一数二的演讲指南。所谓的指南，意即无论何时，当你想获得公开演说的新方法或加强现有技巧时，都能仰仗其作为实用的辅助工具。

恭喜文杰的《高效演讲与口才》出版，也恭喜各位选了这本书。

接着，开始阅读本书，给自己惊喜。

Patricia Lum

The Style Factor Image Consultancy 创办人
国际演讲协会2011年世界总会长成就奖

有人天生能言善道，有人开口仿佛催眠。有些人口若悬河，而有些人却不知所云，根本听不懂他们说的话。在现今快节奏的高科技世界，良好的沟通技巧在生活各方面依然至关重要。

因此，优异的公开演说技巧成为众人希冀且珍贵的固有资产。拥有好的写作技巧不见得就有好的演说能力。我本身作为公开演说的专业人士，更加明了同时拥有这两项技能的难度。

想兼具此两种技巧必得要才智出众。想运用优秀的写作技巧，借此引导他人精进演说技巧，必须倾尽所学，绝对是才华横溢之人。

《高效演讲与口才》便是如此才智出众的产物，以明确、全面且有趣的方式，教导并引领读者，强化其演说技巧。本书所用的各种方法，深具启迪，且行文幽默风趣，让读者自然而然地一再重复阅读。

这本杰出著作的作者戴文杰本身是辩论家、演说家暨作家。本书专为所有需要及想要提升本身演说能力的人而撰写。文杰的《高效演讲与口才》内容包罗万象，不仅可引导你完成复杂的精彩演说，还可帮助你克服挥之不去的恐惧，让你能清楚传达讯息给观众。这是一本全方位的指南，有助于演说、论述或辩论，或只是打动观众的心。

若本书有任何不足之处，便是少教了如何让老公专心听你说话的方法。

恭喜文杰完成这本大作。不论我学生的公开演说背景或水准为何，我绝对会推荐此书给他们。

Vincent LIM Boon Seng

《Common Sense Service Measurement》作者，
2009年新加坡人民协会幽默演讲挑战杯（People’s Association Humorous Speech Challenge Cup）冠军

文杰是一位出色的演说家。不论是希望精进工作简报能力的人，或演讲比赛的参赛者，他的著作《高效演讲与口才》对各领域的读者来说都极具价值。该书的语言技巧部分，将有助于读者立即提升文法的准确性与建立词汇量。绝对是本内容扎实的好书！

Mavis Lai

2012—2013年新加坡榜鹅国际演讲协会分会会长

正在寻找改善演讲技巧的方法吗？看《高效演讲与口才》就对了！世界演讲比赛冠军戴文杰与大家分享公开演说的秘诀，告诉你如何发表动人且强而有力的演讲。现在就去阅读此书，善用演说技巧，释放你的潜能！

Jimmy Chua

2011—2012年新加坡榜鹅国际演讲协会分会会员副会长

文杰是冠军演说家！他投注了数千小时练习，才能有今日的成就。如今，有了《高效演讲与口才》这本书揭露的秘诀，将可大量缩短你的学习曲线。依我之见，本书相当实用，强烈建议各位选购，送礼自用两相宜！

作者序

许多关于演说的指南常先展示演说家的活力、专业与热忱，介绍他们如何在舞台上发光发热，再加上一长串清单，列出获得的奖项与成就。此种作法的好处在于，从一开始就建立阶层式的权威，以便在作者与读者间建立起类似师生的关系。但是，我想采用不同策略。

我想与各位分享我的故事：我如何从原本连在一般课堂发问都有困难的胆怯个性，脱胎换骨变成充满自信的演说家，赢得众多国际及国内演讲比赛。

我这么做的主要动力是希望能激励与启发各位，让大家知道任何人都能成为优秀的演说家。其中一个关于演说的最大迷思就是，你得天资聪颖，这样才能够辩才无碍。这种说法其实与事实相去甚远，接下来，我将于这本《高效演讲与口才》里，陆续分享众多案例，以此证明。

中学一年级时，我非常害羞。每当老师问问题时，我总是避免与他们眼神接触；很不幸地，正因我愈想逃避，老师愈容易在课堂上点名我回答问题。分组作业时，我很庆幸能被分派到幕后工作之类的角色，如此一来，我便无需站在四十个人的课堂上进行口头报告，操作鼠标、设计简报及编辑书面团体报告成为我的常态。

我仍清楚地记得，中学二年级时，公民与道德老师爱碧女士（Ms. Abey）问我："文杰，你曾在四十个人的班级前演讲吗？这次的消防安全作业报告，想不想试试看？"我仅是微笑，然后害羞地摇头拒绝。然而，报告的前一晚，爱碧老师的鼓励之词言犹在耳，有如狂风暴雨肆虐下沙沙作响的树叶，焦虑与兴奋在我身上交织徘徊，仿佛汹涌的河水冲撞开大坝闸门。我竭尽所有想象，鼓起最大勇气，在镜子前练习口头报告。我已准备就绪。

隔天，我决定试试看。我站在同学面前，依照我前一晚排练的内容报告。结束时，我永远记得爱碧老师说的话。她看着全班说道："各位同学，你们下次报告时就该如此。"我欣喜若狂，真是皇天不负苦心人。事后回想，我明白当下报告表现的优劣其实无关紧要，最重要的是，这是我从自己的舒适圈迈出的第一步。

口头报告结束两周后，爱碧老师要我在学校图书馆发表《哈利波特：神秘的魔法石》的读后心得，她邀请了自己三个英语班的学生、辩论队指导老师、英语系主任及校长到场支持我的首度表演。因为有这次的机会，我加入了学校辩论校队，从此与演说结下不解之缘。

到头来，最重要的事，就是把握身边任何机会，努力鞭策自己，唯有克服恐惧，不画地自限，迈出舒适圈，才能乘势而上，精益求精。战胜惰性之后，下一步便是勤练。2001年世界演讲冠军赛（World Championship of Public Speaking）冠军戴伦·拉克洛斯（Darren LaCroix）说得很好：上台、上台、再上台。想增进自身能力，甚至最后精通演说，不能光靠阅读演讲书籍或聆听精彩演说，必须经由无数的实际练习。演说这门技艺与游泳或骑自行车等其他运动相同，无法光看别人做或看书就学会游泳或骑车，你必须身体力行，加上苦练。

对于希望改善演讲技巧的读者，《高效演讲与口才》无疑成为唯一的协助途径。我强烈建议有意加强本身演说能力的读者，不论在办公室或学校，抓紧每一次的说话机会，才能促进自我成长。另外，加入当地的国际演讲协会也助益良多，因为会员可以在相辅相成的环境中学习，而且协会里的环境鼓励犯错并从中学习。

我在《高效演讲与口才》整理出各种演说技巧，不论是备稿演讲、即席演讲、讲评型演讲、幽默演讲、司仪主持、面试、英语应用及非口语沟通等，同时，在每个章节里，也都会列举各种技能在日常应用的实例，以提高个人在职场、专业会议、学校、社交集会、会议和颁奖典礼等各场合的表现。

有别于你在当地书店看到的多数演讲书，《高效演讲与口才》部分章节也包含了图解，特别是在非口语沟通一章，这些图片是相当好用的视觉辅助工具，可强化学习经验。

希望《高效演讲与口才》提及的口说技巧能对您有所助益，帮助您应用于本身领域或学科。演讲冠军并非一夜之间诞生的，演说这门技艺需要不断勤于练习与改进。只要恪守“上台、上台、再上台”这句格言，配合有效运用本书所述技巧，相信下次你也能发表一篇动人、有趣、生动的演说。

戴文杰
Darren Tay

使用说明

如果你具有以下的经历，非常适合这本书！

□ 曾被人讲过说话没重点、没逻辑，枯燥乏味很无趣。

□ 开会做简报时，脑袋一片空白，无法完整表达意见。

□ 一开口就被对方堵回来，不管怎么说都无法达到目的。

□ 被亲友征询意见，讲完之后却惹得对方生气。

□ 封号“句点王”，只要一开口就冷场。

别担心！现在开始跟着以下步骤阅读与使用这本书吧！

第一步　破解迷思

一般人对于演说的迷思与恐惧，只会造成负面影响。只要破解大众迷思，就会发现其实开口说话一点都不可怕。

第二步　培养习惯

世界演讲冠军不藏私，分享平时准备演讲的各种习惯，只要照着做，人人都有机会成为演讲达人。

第三步　了解演说类型

演说的情境不同，目的、演说方式也不尽相同。先了解演说的类型，才能够有效拟定演说策略、准备合适的演讲稿。

第四步　完美的演说策略

你怎么说话，比说话的内容还重要。跟着世界演讲冠军，学会各演讲类型的完美演说策略，从讲稿铺陈、非言语沟通到咬字发音一次学会。

第五步　灵活运用

不管你是会激励职员的老板、向客户做简报的上班族、正求职面试的新人、发表意见的专业人士、准备竞选的政治人物、准备上台做报告的学生、参加联谊的优质男女、谆谆教诲的父母师长，本书都适用。

意外收获！

如果想要挑战“英文演说”，就不能错过第11章讲述的英文演说技巧攻略！

目录 Contents

励志型演说　鼓舞观众，提振个人想法
以感性的诉求，呼吁观众接受某项提议。

叙事型演说　说故事、娱乐观众
有固定的演说结构，引人入胜。

第1章

公众演说的五大迷思

迷思一　有天分的人才有办法演讲？

演讲靠的是努力，而不是天资。

迷思二　多讲几次就不会紧张了？

你不可能不紧张，但你可以学会“控制紧张”。

迷思三　我怎么可能讲赢演讲冠军？

世界没有不败的选手，成败取决于当下的表现。

迷思四　演讲不就是用夸张的语气与动作讲话吗？

演说不是表演艺术，生活中随时随地都需要演说。

迷思五　讲得不好也是一种演讲风格？

只要上台，就要对得起台下的观众。

谈到“演说”，多数人都有一种迷思，觉得演说这件事情离自己的生活很远，多数人也认为没有必要加强演说技巧，但这里误会大了，本章作为这本书的开端，先厘清多数人对于公众演说的五大迷思。

迷思一 | 有天分的人才有办法演讲？

演讲靠的是努力，不是天资。

常有人言，“唯有天赋异禀，才能成为享誉一时的音乐家”，或“唯有天资聪颖，才会有优异表现”，或是“唯有才华洋溢，才可成为专业的演说家”，甚至因为一些天才神童的例子，像是莫扎特、贝多芬或爱因斯坦等，让我们对于“天资大于努力”的说法更加深信不疑。然而，事实并非如此。

以莫扎特为例，他被誉为前所未见的音乐神童，毕生创作超过六百首作品，其中许多被认为是交响乐、协奏曲、室内乐、歌剧及合唱曲的经典杰作。莫扎特五岁开始作曲，并且在欧洲皇室面前演奏，对照先前所述，似乎正好印证了“天资大于努力”这样的错误观念。然而，根据同领域的顶尖人士所言，莫扎特所作的第一部音乐作品其实只有“中等”水平。

事实上，莫扎特之所以年纪轻轻就精通音乐，甚至后来能出类拔萃，都得归功于其背后的努力，而这是一般人所无法得知的。莫扎特每天花十四个小时练习钢琴及小提琴，他的父亲本身也是位创作丰富的音乐家，因而对他训练有素，并带他四处表演，正因有如此大量的练习，才让莫扎特成为出众的音乐家。

国际畅销书《异数：超凡与平凡的界线在哪里？》（Outliers）作者格拉德威尔（Malcolm Gladwell）曾提出有力论述，指出一个人若投入一万小时刻意练习特定技能，最后便能成为技术纯熟的专家。许多成功人士的例子也证实了这项主张，如：比尔·盖茨、披头士或物理学家奥本海默（Robert Oppenheimer）。因此，莫扎特的音乐造诣可以说绝大部分是来自一万小时的努力练习，才能专精音乐技艺与技巧。同理，以公开演说而言，重点在于努力，而非天资。

○ 迷思二 | 多讲几次就不会紧张了？

你不可能不紧张，但你可以学会“控制紧张”。

“为何美国前总统奥巴马等伟大演讲者能神色自若地发表演说？我敢说他们肯定一点都不紧张”——许多人经常对此抱持怀疑与敬畏。然而，事实正好相反，即便是优秀的演讲者，仍然会紧张。根据研究显示，公开演讲是一般人最大的恐惧，而死亡只排名第四位而已！无论经验多丰富，如此惶惶不安的紧张感觉会一直伴随着演讲者。

美国前总统奥巴马曾在一次访谈中分享，每当站上台，他总是觉得紧张；戴伦·拉克洛斯（Darren LaCroix）、艾伦·泰特（Ed Tate）和吉姆·凯（Jim Key）等许多世界演讲冠军也表示情况如此。结果就是，你不可能不紧张，但你可以做的事，就是去控制紧张，关键在于充足的准备与应用言语及非言语的基本沟通技巧，借此消除如此普遍存在的恐惧或担忧，避免不安显现于身体或心理。基本的言语与非言语沟通技巧将于后续几章说明。

○ 迷思三｜我怎么可能讲赢演讲冠军？

世界没有不败的选手，成败取决于当下的表现。

我很怀念并且印象深刻，记得2004年世界演讲冠军赛亚军克鲁格（Douglas Kruger）曾说过："世上没有不败的选手。"他接着解释，获得世界演讲冠军赛亚军后，隔年他在参加分会演讲比赛时就输了（注：国际演讲协会巡回赛的晋级方式从分会层级开始，此后逐步晋级至区、部及地区总会层级，再到区域赛，最后高潮为世界总决赛）。克鲁格的重点在于，即便眼前看似有难以克服的障碍（或无人能敌的对手），演说的成败其实取决于个人当下的表现，与过去获得的荣耀或成就无关。

简而言之，即便是国际演讲比赛的世界冠军，若在当下表现不佳，或比起经验值较低的对手，无法在时限内攫获观众的心，仍可能会输给资历较差的演讲者。因此，下次当你碰到世界冠军或经验丰富的演讲者，告诉自己竭尽全力，毕竟优劣胜败关乎你当下的发挥，而非对手过去的经历或表现。

❍ 迷思四 | 演讲不就是用夸张的语气与动作讲话吗?

演说不是表演艺术，生活中随时随地都需要演说。

“演说”二字时常让人联想到舞台表演、演讲比赛或辩论比赛。然而，“演说”其实时常应用于日常生活中，甚至多过吃喝！在麦当劳点餐时，在学校问候师长时，和好友喝咖啡聚会时，打电话拜访客户时或甚至说服父母送 PS4 给你时，都会运用到“演说”技巧。事实上，“演说”的重要性普遍遭到低估。

我的好友冯安强自新加坡国立大学（National University of Singapore）毕业后，便着手撰写第一本著作《The FAQ of Public Speaking（演讲的常见问题）》。他在国际沟通协会80区年会2011年公开演说研讨会（Toastmasters International District 80 Annual Convention 2011 Speech Workshop）告诉与会者，一开始，他的书几乎卖不动，后来当他与新加坡知名企业家洪爱玲（Irene Ang）合作并合著此书后，销量才逐渐增加，并成为新加坡畅销书。几年后，安强询问爱玲为何她愿意帮助他，她只回答：“因为我喜欢你。”安强进一步解释，因为他给爱玲的第一印象非常好，让她深受吸引。

所谓好的第一印象包含：良好的眼神接触、坚定的握手、安强脸上的笑容以及精心设计的开场白。安强凭借着杰出的演说技巧留下了良好的第一印象，以至于爱玲提供他一个相应的工作机会。没错，安强正是站在业界巨人的肩膀上，才得以成功。在现今社会，**消费者买的不是产品，而是人**。充分掌握演讲的核心技巧，将有助于个人在今日社会脱颖而出。

○ 迷思五｜讲得不好也是一种演讲风格？

只要上台，就要对得起台下的观众。

所谓失败的“安全网”或“保险机制”，并非是宣称观众绝对会体谅你在台上搞砸，而是要竭心尽力地练习与排练，努力确保演说顺利。我们得明确一点，观众从繁忙的行程中，抽出宝贵时间来听你演讲，因此，不论是发人省思的经验分享或传递知识的演说，我们都得为他们的个人发展增加价值，彼此互惠，才称得上专业。“相信观众会见谅”不能当成我们缺乏彩排与决心的托辞，或是不尊重活动的借口。

迷思		打破迷思的方法
演讲靠的是天资而非努力。	⇨	透过努力与练习，也能专精演讲的技巧。
有朝一日我将不再紧张。	⇨	你不可能不紧张，但你可以控制紧张。

那个演讲冠军无人能敌。	⇨	不要管对方的经历与表现，重点在于你当下的发挥。
演讲在现实生活并不实用，充其量只是表演艺术。	⇨	日常生活处处可用到演说技巧，掌握核心技巧，有助于个人的发展。
搞砸无所谓，相信观众会见谅。	⇨	重点在于是否尊重与把握这个机会，为观众传达有益的信息。

练 习

试着写下你对于演说的迷思或恐惧，并思考破解之法。

第 2 章

了解各种演讲类型

知识型演说　向观众介绍特定主题
以条理分明的结构，清楚地传递讯息。

说服型演说　让观众接受演讲者主张
运用推论、逻辑和情感，影响与改变观众的信念。

励志型演说　鼓舞观众，提振个人想法
以感性的诉求，呼吁观众接受某项提议。

叙事型演说　说故事、娱乐观众
有固定的演说结构，引人入胜。

演讲有许多不同类型，包含知识型、说服型、激励型／励志型、娱乐型／幽默型、专业型、叙事型／个人陈述。重点在于，一开始就了解各种演说类型的差异，如此才能选用合适的演说沟通工具，以达成目标。

本章将阐释各类演说，并分析其异同，说明顺序如下：

❶ **目标**

❷ **应用实例**

❸ **提升各类演说能力之具体要点**

进一步探讨各类演说的异同之前，必须先说明本章分析所考量的部分基本假设，以免读者感到不解，甚或受到误导。首先，本章提出的建议是基于各类演说皆为备稿演说，也就是说，简报或演说的人有充足的时间，可根据特定目的准备、撰写及排练演说，甚至可以事先背诵讲稿，这有别于即席演讲，后者需要不同技巧，此部分将于第4章进行探讨。

其次，各演说所探讨的结构与纲要绝非尽善尽美，或可配合适用于特定场合的其他技巧共同应用。更重要的是，某类演说所倡导的技巧绝不与其他类型的演说相斥，当中部分技巧可能与其他类型演说密切相关或彼此互补。强力建议读者酌情使用本章所提议之技巧，而非概括接受或盲目遵循。

知识型演说

向观众介绍特定主题，演说的结构条理分明，目标在于清楚传递信息。
→第2章

说服型演说

让观众接受演讲者的主张，善用逻辑、推论、情感用语。
→第2章

励志型演说

鼓舞观众，涉及感性诉求、呼吁观众接受某项提议。
→第2章

叙事型演说 / 个人陈述

目的在说故事或娱乐观众，通常遵循标准架构：开头→堆叠气氛→高潮与结果。
→第2章

幽默型演说

穿插在各种演说形态里，可拉近演讲者与观众的距离。
→第5章

专业型演说

展现演讲者的专业，提供建设性的意见给观众。
→第6章

▲图表1：六大演讲类型的简介概要

演讲可以分成六大类型：知识型、说服型、励志型、叙事型、幽默型、专业型，每种类型都有各自要达成的目的、演说特色，还有演说时要注意的事项。可先参考上页图表1作初步的理解。

本章将探讨知识型、说服型、励志型及叙事型四类演说。幽默型及专业型演说将于后续的章节讨论。

○ 知识型演说 | 向观众介绍特定主题

以条理分明的结构，清楚地传递讯息。

目标

如其名，知识型演说旨在向观众介绍特定主题。

特点

通常结构条理分明，目标在于清楚传递知识。（以文字／视觉辅助形式）提供信息，让观众可掌握必要的技术或要点，从而使他们得以做出明智的决策。

知识型演说应用实例

① 学校体育赛事之集会谈话

② 心血管疾病预防之医学讲座

③ 教师利用投影片讲解光合作用的过程

④ 向孩童说明婴儿从何而来

⑤ 教朋友骑自行车如何找到正确平衡

改善知识型演说的关键技巧

➲ 技巧一：善用明确的指标词

科学研究显示，人类大脑处理信息的速率，比讲者说话的速度还快，自然而然，观众在聆听演说时，多半会出现多工处理信息的情况。观众一般容易分心，心思偏离至与演讲者演说不太相干的其他话题，也难怪信息遗漏的情况十有八九，经常在回神时，已经跟不上演讲者所说的内容了。

演讲并没有所谓“倒带”的功能，因此，更进一步加剧像这样“分心”的问题。阅读时，若错过了故事的关键，读者可随时回到前面章节重读，但演讲与阅读的过程不同，听众不可能倒带重听演讲者先前所说的内容，因此，若没有适当的指引，观众很可能在演说过程中不知所以。

指标词（sign-posting）的运用可作为演讲过程的检哨站，此技巧可让观众知道演讲者的停顿之处，以及接下来演讲进展的方向。指标词就类似在心里记笔记，摘要演讲者演说的重点，帮助读者融会贯通分享的信息。

善用指标词的范例如下：

各位先生、女士，有三个原因可说明为何我们应该吃巧克力。首先，巧克力有益健康；第二，巧克力好吃；第三，价格合理。接下来，我想针对第一个理由说明，巧克力有益健康……解释完第一点“巧克力有益健康”的原因后，我想接着谈第二点“巧克力好吃”……说明完第二点“为什么巧克力好吃”后，再来我想谈谈最后一个原因……

相信你已明白指标词的用意为何。因此，若不希望失去观众，记得在知识型演说中善用指标词。

➲ 技巧二：只要照做，知识型演说也可以引人入胜

我们许多人对于知识型演说都有种普遍的误解，觉得知识型演说无聊到会让观众打瞌睡。毕竟，谁愿意一直被肥胖相关的硬知识无尽轰炸？或听人喋喋不休，叨念数算着运动的好处？不过，只要依照下列方法，知识型演说也可变得有趣又动人：

1. 尽量避免使用华而不实的词语

少用难以理解的艰深词汇，若有简单的替代语可用，请简要说明。

例如：

① 原句：明天能否拿我的运动器具（paraphernalia）给你？

Can I pass you my sporting <u>paraphernalia</u> tomorrow?

修改：明天能否拿我的运动用具（equipment）给你？

Can I pass you my sporting equipment tomorrow?

② 原句：摆在我们眼前的谜题（conundrum），需要用经典（quintessential）的猜拳来解决。

The conundrum that lies before us requires the quintessential rock-paper-scissors method to resolve.

修改：眼前进退两难（dilemma），可以用一般（typical）的猜拳来解决。

The dilemma that lies before us can be resolved with the typical rock-paper-scissors method.

③ 原句：纵然新加坡销售表现良好，但总计（aggregate）的销售量有所下滑。

Notwithstanding the great Singapore sale, there was a decrease in the aggregate sales volume.

修改：尽管新加坡销售表现良好，但整体（overall）销售量有所下滑。

In spite of the great Singapore sale, there was a decrease in the overall sales volume.

2. 使用非言语沟通来为演说增色

运用更活泼的肢体语言、声音变化（包含但不限于音量、音高及节奏）、停顿与更频繁的眼神接触，让演说更动听。非言语沟通技巧将于第10章探讨。

3. 以幽默贴近人心

2001年世界演讲冠军拉克洛斯极力提倡此技巧，他认为在知识型等演说中善用幽默，可有效吸引观众。更多关于打造幽默化演讲或在演说中融入幽默元素的技巧，请见第5章。

➲ 技巧三：运用视觉辅助，如挂图、投影片简报／草图

有句名言说得好，“百闻不如一见”。只要遵循这句名言，你将可成为一位更活跃且强大的知识型演讲者，运用视觉辅助将有助于提升观众对讯息的感知，以及对当前主题的理解。

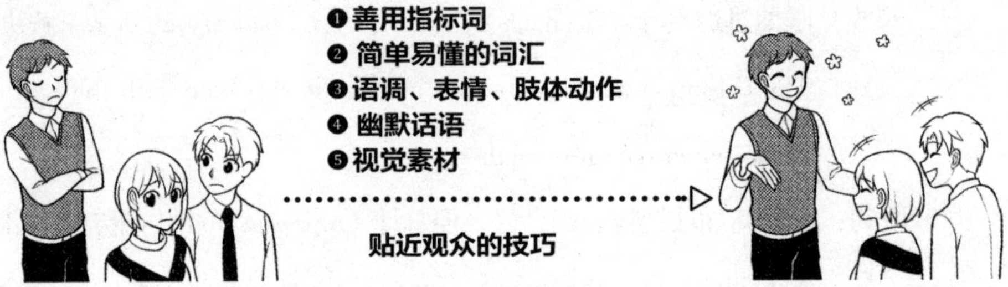

▲ 图表 2：知识型演说的技巧

❍ 说服型演说 | 让观众接受演讲者主张

运用推论、逻辑和情感，影响与改变观众的信念。

目标

说服型演说的主要目的在于，影响观众采用演讲者的范例（思维方式），继而引发预期的行动。说服型讲者意在改变目标群众的既有心态，使其转变

为期望的理想心态，终极目标其实就是要让观众接受演讲者的主张。

特点

说服型演说时常运用推论、逻辑及情感来左右个人信念。典型的说服型演说中，很容易能观察到强烈的情绪用语，如“恳请”“信念”“应该”或“让我们一起”等。

说服型演说应用实例

① 业务员说服客户向他购买保险产品

② 年轻人说服母亲买最新的电子游戏机（PlayStation）给他

③ 律师代表客户上法庭打官司

④ 沮丧的顾客要求将带瑕疵的商品退货

⑤ 领导人鼓舞其追随者采取行动

改善说服型演说的关键技巧

➲ 技巧一：采用下列演说结构

1. 辨别观众的需求

突显观众的“需求”相当重要，然后从而引发满足“需求”的渴望。所谓的“需求”，常是一种导致痛苦或伤痛的现象，如此的“需求”可用下列语句表达，如："需克服的演讲恐惧""希望得到治疗的磨人牙痛""渴望获得滋养的饥饿状态"或"想受到鼓舞的受伤自尊"等。

辨别"需求"的阶段可说是说服最重要的环节。假设今天你走向一名素昧平生的陌生人，向他推销方便携带的随身电扇。倘若你直接走上前，然后问"你想买随身电扇吗？"，他很有可能会拒绝你；反之，若你先找出对方需求，然后向他兜售电扇，幸运的话，或许就能成功完成一笔交易。举例说明，你也许可以说"听说接下来几周天气会变得更糟，更酷热难耐，我看得出来你难以忍受这种天气，要不要买台随身电扇，让自己随时随地舒舒服服？"

2. 以有利的方式提供解决方案，并评估提议的选项

找出观众需求后，具说服力的演讲者会进一步讨论解决之道，以满足需求。许多有效率的业务员会以有利的方式提出所拥有的解决方案。他们会说"你想买苹果还是柳橙呢？"，而不是问"你想买什么水果？"。运用此技巧可将决策能力聚焦在可得的选项上，提高成功销售的机率。

为了说明何谓以有利的方式呈现选项（或解决方案），我想与各位分享我多次课堂实验的结果。过去在几所中学及大专举办工作坊时，我会向与会者提出一个问题：假设地上有一张五十元钞票和一百元钞票，你会捡走哪一张？答案几乎毫无异议，都是"当然是一百元钞票"。然而，只有少数几位学员的思维却能跳脱出答案的框架，不受限于提供给他们的选项。他们回答"我会把两张钞票都捡走"。从许多课堂实验的结果，不难看出，"大众的思考会受到眼前有限选项的影响"这项假设成立，就此去推论、以结果来设计并提出选项这种做法，其实很合理，并不荒谬。

3. 若观众采用了你的解决方案，引导他们在心中描绘出未来的效益

观众若能看见解决方案带来的正面影响，极有可能被未来效益说服。关键就在于引导观众在心里设想未来的影响，若让他们自行想象，效果将会打折。

举例来说，别让观众自己预想购买新的不粘锅的优点，而是用下面的话来诱导他们："试想一下用了这把不粘锅的好处：用油量减少，生活更健康；清洁省水，每月水费更便宜；锅子保养更轻松，无须经常更换"。

4. 呼吁行动

使用情感用语，敦促观众采取行动，像是"先生女士们，恳请各位，让我们一起迈出舒适圈"。若观众不愿采取行动，有效的号召方式就是以"悔恨"为诉求。此种方法管用的原因有二：

① 心理学研究一再表明，人类心智的惯性是不想活在后悔之中；

② 悔恨是易于理解并可促成正向改变的共通语言。

为清楚说明这点，试想吃饭时说服小男孩把菜吃掉的情况。若你只是像说教一样叨念吃蔬菜的益处，像是"你应该把菜吃掉，这样身体才会健康，消化系统才会强健"，效果可能有限。反之，若在话里加入悔恨的元素，效果将会出奇，例如：把青菜吃掉才能维护消化系统健康。如果吃饭都不吃蔬菜，免疫系统减弱的风险会加大，你会更容易生病，这样就会剥夺你最爱的打篮球时间了。我相信你应该不希望这种事情发生，对吗？记住，只要每天吃蔬菜，便能预防糟糕的后果。

▲ 图表 3：说服型演说的架构

➲ 技巧二：先发制人提出异议，以正反辩论强化演讲说服力

此重要技巧可左右观众，相信演讲者是经过深思熟虑才提出论点的。持平的论辩才是优质的论辩。想先发制人地提出异议，得先从简短提出反例开始，接着对此提出反驳，弱化反例的说服力，之后再强化本身的论点。

举例来说，假设演讲者赞成废除学校制服，应用“先发制人”的反制技巧时，将会如下例所示：“批评者也许会争辩，认为废除校服可能会危害整体校园安全，但我深信穿制服不见得就能加强安全。事实上，穿制服还可能会妨碍分辨擅闯者，举例来说，如果想找出擅闯者，究竟是找穿制服的人容易？还是找一个身穿深蓝色衬衫、黑色窄管牛仔裤与灰色帆布鞋的人容易？显然是后者。”

➲ 技巧三：采用抽丝剥茧法（PEEL）

PEEL 法	举例
P-Point 论点	椰子油是最棒的食用油。

⇩

E-Explanation 解释	比起其他油类，椰子油可承受烹煮的高温，橄榄油等其他油类则容易分解出有毒化合物。

⇩

E-Example 举例	例如，研究显示椰子油最高可承受摄氏三百度的高温，之后才会分解成其成分化合物及脂肪酸链。

⇩

L-Link 连结	因此，根据上述，椰子油是最棒的食用油，因为即便在高温烹煮下，它仍然有益健康。

○ 励志型演说 | 鼓舞观众，提振个人想法

以感性的诉求，呼吁观众接受某项提议。

目标

励志型演说也可以说是“激励型演说”，可鼓舞观众，为观众创造有利的环境思索其他观点、模式或典范。目的在于重建、更新及重新提振个人想法。

特点

励志型演说通常涉及感性诉求，演讲者会在一般的氛围下投注能量，激发热诚，充满活力，接着再呼吁观众改变现状或接受某种提议。

励志型演说应用实例

① 篮球队教练鼓励队员为总决赛奋力一搏

② 父亲节讯息

③ 国难或天灾后的总统演说

④ 励志的班导对准备升学考试的学生们演说

⑤ 贴心的母亲跟儿女谈自律

改善励志型演说的关键技巧

➲ 技巧一：用故事传达重点

全球各地的世界演讲冠军所倡导的众多技巧中，这是其中一种最有用的技巧。

故事有魔力，可吸引观众的注意力，让他们未来几年都还铭记在心。人类的心智会将故事与主要讯息连结起来，因此，只要观众心底还记得故事，便会一直记着演讲者传递的讯息。

➲ 技巧二：适当利用语言，来加强振奋观众的效果

1. 使用可凝聚观众与演讲者的语汇

不断使用“你（们）”“我们”，而不用“我”“他们”“他们的”或“他的”。

2. 使用文学修辞技巧

如三组排比（the power of three）、头韵、譬喻或拟人化。更多关于文学修辞的技巧将于第10章详细解说。

❍ 叙事型演说 | 说故事、娱乐观众

有固定的演说结构，引人入胜。

目标

叙事型演说的主要目的在于说故事及娱乐观众。

特点

叙事型演说通常遵循一个标准架构：开头、堆叠气氛、高潮与结果。

叙事型演说应用实例

①故事比赛

②企业或电视访谈/脱口秀

③对学校或校园说企业组织的励志演说

④教师在课堂指导写作

改善叙事型演说的关键技巧

➲ 技巧一：运用“显而不说”（Show and not Tell）的原则

市面上优秀的故事书多半不跟读者“说”角色的内心状态，反而是以描述及类推的方式，在观众心中创造心理意象，借此“显现”他们的内心状态。例如，作者可能会叙述“约翰的肚子咕噜作响”，而非直说“约翰肚子饿了”。

由此可见，运用“显而不说”的原则可让观众从过去的个人经历自行产生联想，从而强化阅读材料的娱乐价值。同样地，叙事型演说应该结合“显而不说”的原则，才能吸引、娱乐与打动观众。

➲ 技巧二：运用夸饰技巧来放大情感效果，获得最大成效

描写焦虑时，你可以用“焦虑席卷他全身，有如湍急的河水汹涌冲撞开大坝匣门一般”，当你可以用这般描述吸引观众时，如果只说一句“他非

常焦虑”，显然过于平淡乏味。或者是，你可以考虑另一种形容方式，像是“焦虑缠绕他全身，有如第二层肌肤般难以摆脱”。

另外一例是，与其说“她很漂亮”，更好的说法可以是“她的美总是让所有潜在追求者深受吸引，犹如狂风扫落叶一般迷倒众生。仅仅说她很漂亮，不足以形容她倾国倾城的美”。

由上可知，运用夸饰技巧，再加上有力的文学修辞手法与语言工具，显然能放大这些字句对观众的影响，达到最大的娱乐效果。

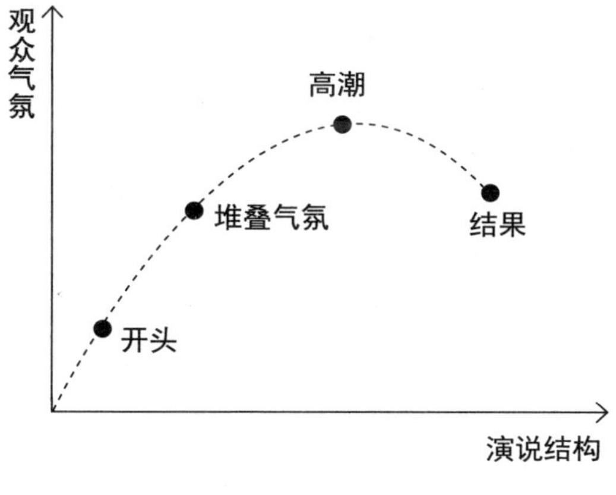

▲ 图表4：叙事型演说的结构

练　习

整理本章节的学习笔记，试着将前述技巧应用到生活中并记录成效。

▶ 知识型演说

▶ 说服型演说

▶ 励志型演说

▶ 叙事型演说

练 习

选择一个演说类型，自定主题，试着写下演讲稿。

★写完之后试着练习演说。（花费时间：___ 分 ___ 秒）

第3章

演讲达人的十个习惯

习惯一：正向思考

不要小看“吸引力法则”的力量。

习惯二：以重复加深记忆

运用重复的言语、姿势，加强观众对讯息的记忆。

习惯三：与观众建立默契

如果演讲者与观众没有连结，演说就没有意义。

习惯四：从容停顿

演说是场对话，需要停顿，让观众消化讯息。

习惯五：用故事传达重点

说教式的内容较乏味，用故事为演说增添趣味。

习惯六：总是准备一个“语料库”

建立自己的词汇、语句、趣味事件、名言、故事的数据库。

习惯七：彩排，彩排，再彩排！

在正式演说前要不断演练，达到最熟练的状态。

习惯八：把握每个可得的说话机会

只在镜子前面练习是不够的，把握任何公开演说的机会。

习惯九：给予观众实际可达成的小目标

宏远的目标像口号，生活中可实现的改变才能和观众产生连结。

习惯十：学习解析精彩演说

向对手学习，学习他们的长处，吸取他们的优点。

> 想要做一个演讲达人，除了要了解各种演讲类型的要点、磨练演说的技巧之外，在平常也应该做好准备。没有人一出生就很会演说，唯有透过平常的努力、平时建立的习惯，只要下定决心，铁杵也能磨成绣花针。

○ 习惯一 | 正向思考

不要小看“吸引力法则”的力量。

等一等，这话岂不是陈腔滥调？从老师、父母、朋友或励志演讲者身上，我都时常听到这句话，我才不要付钱买这本书，去学些已经知道的事。

没错！我们多半都听说过“正向思考”这个建议。然而，我们当中，有多少人真正了解正面思考带来的效益，而不是像其他人一样只是嘴上说说？有多少人真正知道如何正向思考？又有多少人真的相信这句话或采取行动？

请容我用一个小练习来说明，你们可以在家里自己试试看。

❏ 练习

首先，找一个码表或闹钟（有响铃的装置，以便在时间到时提醒你）。

接下来的一分钟内，心无旁骛地想着一只蓝色大象，任何普通的大象都可以，想想它的大小、外型，还有你脑海里蓝色大象的颜色深浅，心里要一直想着蓝色大象的影像，如此持续整整一分钟。

时间到时，不论是你的码表或闹钟响了之后，我要你闭上眼睛，想想蓝色大象以外的事物。换句话说，现在你不能想到蓝色大象，一秒都不行，蓝色大象任何部分的影像或细节都不能出现在你的脑海，如此持续一分钟。

结果如何?

你有办法不想到蓝色大象的影像吗?

根本不可能!

有此现象，背后原因在于人类大脑是一个奇妙的器官，它能记忆事物，即使只有一分钟如此短暂的时间，也不会遗忘。试想我们执着于负面想法所积累的数分钟或数小时，有时甚至是数天、数月或数年。

这一切都会化为现实！正如名言所示，“习以为常……习惯成性……个性决定命运”。上述范例明确阐释我们的头脑记住内心思想的威力，因此，正向思考相当重要，你绝不希望负面想法像蓝色大象的影像一样长存心底。

假如你告诉自己，“我不要在台上忘词”，“我上台不要紧张得发抖”或“我不要在老板面前讲话结结巴巴”，结果往往是你“偏偏”会在台上忘词；你“偏偏”会紧张得发抖；或你“偏偏”会在老板面前说话结巴，这类情况多不胜数。

科学研究显示，当我们对大脑灌输“不要”之类的“负面”想法时，大脑会省略“不”这个字，并指示身体执行你最不希望发生的行为。举例来说，若你告诉自己“我不要讲话结结巴巴”，你的大脑极有可能会忽略“不”这个字，然后将话解读成“我要口吃”，孩童身上经常可观察到这种情况。若你告诉儿子“不要玩火”，很可能他就“要玩火”。

所以，我们要如何解决此问题呢？简单的方法就是使用积极的语汇，像是告诉自己“我要说话流利”，而非说“我不要说话结巴”；或是说“我要记得台词”，不说“我不要忘词”；不说“不要玩火”，改说“请听我的指示，火很危险”。

因此，高效演说家的第一个习惯就是正向思考。正向思考会转化为积极行动，连带产生良好的结果。当然，除了将用语从消极化为积极以外，在演讲比赛、公司会议、简报、社交活动或求职面试时，你还能使用另一个技巧来确保自己有出色的口头演说表现。活动开始前，想象自己完成了演讲，想象自己满怀自信地演讲，想象观众脸上的笑容，想象你达到了预想的成果。

这正好呼应了澳洲畅销作家安德鲁·马修斯（Andrew Matthews）的一句话：“想法是磁铁，你想什么便吸引什么。”

记住，到头来，尽管“正向思考”像在老生常谈，但你若读完了上述说明，便会明白它的重要性。毕竟，正因为所言属实，大家才会经常过度使用“正向思考”这句话。

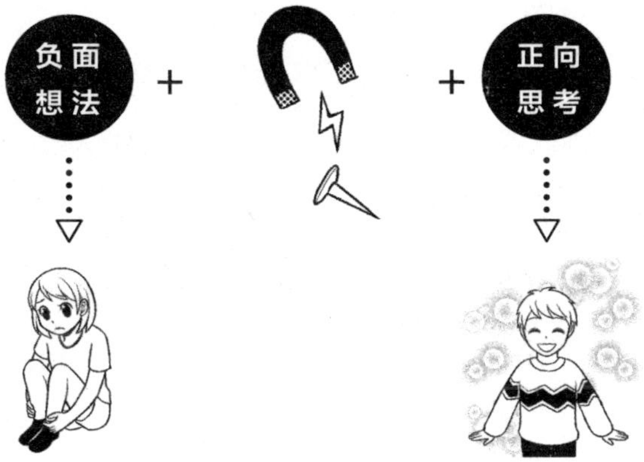

▲ 图表5：吸引力法则

○ 习惯二 | 以重复加深记忆

运用重复的言语、姿势，加强观众对讯息的记忆。

根据研究指出，重复特定行为或例行事务可深化大脑对信息的记忆。许多经验丰富的演说家也倡导运用重复的技巧，以帮助牢记演讲讯息。可惜，许多人做到的只有像呼口号一样，要求读者或学生复述演讲讯息。例如，假设演说的讯息是“活得精彩”，演讲过程中，读者或学生便会被要求重复讯息三到四次。我想向各位介绍运用重复的技巧时，另外两种可用来获得最佳效果的技巧。

➲ 技巧一：带领观众与你一起复诵演讲讯息

当你引导观众一起，或在你之后用口头说出演讲讯息时，你在做的事其实是迫使观众在复诵前，先触及记忆深处。如此一来，观众离开后，将更容易在日常生活中忆起并应用演讲的讯息。

最佳范例便是2000年世界演讲冠军泰特（Ed Tate）获胜的演说："那些日子里"。他在演说适当的时间点，带领观众总共复诵演讲题目"那些日子里"三次。

在进入第二项技巧前，我想提供一些诀窍，帮助你带动观众。

① 演讲结束后 / 主持完培训工作坊后，请观众写下将如何在生活中应用今天所学到的内容。

② 观众写下他们的想法后，指名或让他们自愿分享各自的应用方法。分享想法可让观众彼此学习，或收集灵感。

➲ 技巧二：运用台上的站位，强化重复的要素

举例来说，若你的演讲有两则互相辅助的讯息，重复第一则讯息时，你可以站在舞台左方；重复第二则讯息时，则站在右方。借此，观众可从视觉上将演讲者的位置与演讲讯息连结，如此便能轻易地回想起演讲讯息。

○ 习惯三 | 与观众建立默契

如果演讲者与观众没有连结，演说就没有意义。

与观众建立默契相当关键，演讲的成败将取决于此。若演讲者无法与观众建立默契，观众将无法接收分享的信息，可能因此充耳不闻。演讲者若无法传递讯息给观众，便失去了演讲的目的。

且让我进一步说明，发表任何形式的演说时，为何建立默契如此重要？试想，有天你走在乌节路（Orchard Road）上，突然间有个陌生人走向你，大声坚定且自信地告诉你："勇于追求梦想，活得精彩。"这样一句话，你会作何反应？我的许多学生会回答："疯子！"

同理，若有陌生人接近你，并试图分享一些信息，你约莫会觉得尴尬或有所防备。假设这个陌生人采取不同方式，先与你认识（不论是透过闲聊或自我介绍），之后你在接收他的言词讯息时，便可能感觉较为自在。

同样地，若你一站上台，未与观众建立默契，便开门见山地表达"勇于追求梦想，活得精彩"之类的演讲讯息，纵使介绍的是灵丹妙药，被迫接收的观众可能也会认为太过无趣。这种与观众建立默契的技巧，1999 年世界演讲冠军华伦泰称其为"破冰时间"（Get to know you time）。因此，先和观众建立默契相当重要。

建立默契可在演讲前或演讲过程中进行。其中，有两项关键技巧颇有助益，有助于提升观众吸收知识的效果。

① 发表演说前，先与观众交流、熟悉一下，借此与观众建立默契。与观众聊聊，让他们放松，对你有些认识。如此，将能看到更多带笑的脸热切期盼听你演讲。

② 你可以在演讲当中，用几个反诘问题与观众互动，让他们思索演讲主题，借此建立默契。此种方式能让观众与你同步，使后续演讲讯息的传递更顺利。

注意自己的肢体语言，让观众在聆听你演说时感觉轻松自在。多用舒服的笑容来点缀你的演讲，运用幽默让演说更加人性化，进而让观众卸下心防，不带有任何形式的质疑或抗拒。

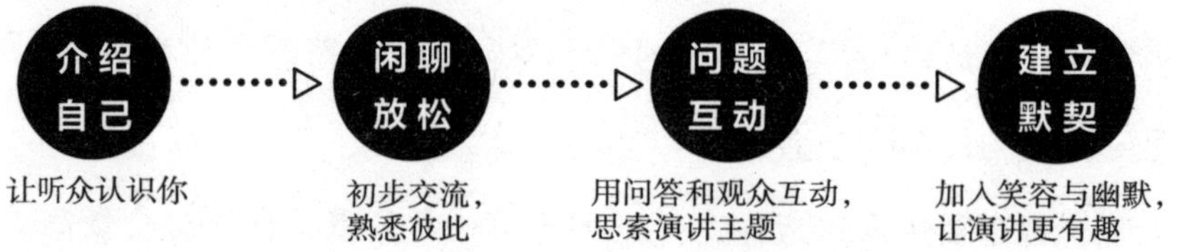

▲ 图表6：和观众建立默契

○ 习惯四 | 从容停顿

演说是场对话，需要停顿，让观众消化讯息。

我们究竟要对观众说话，还是与观众交谈？我们应该将演讲视为独白或对话？上述两个提问的答案显而易见：当然是后者！

然而，许多演讲者经常犯同样的错误，就是一上台讲话飞快，试图把事先准备的讲稿一字不漏地念完，然后结束演讲。他们一路往终点线疾冲，因为“如释重负”正在那里等着他们，召唤他们尽快抵达。这就是我们所谓的“匆忙念稿”。若匆忙念稿，便无法给观众充裕的时间吸收刚刚说过的话，并从中获得意义。而当观众消化了你说的话时，你已经冲到另一个观点，甚至更糟的情况是，你的演讲结束了！

2009年时，我在当地的演讲会第一次参加国际演讲比赛，那时的我自信、沉着且蓄势待发。我一站上台，便用尽全力，复诵我为演讲比赛记住的每字每句。演讲结束后，我走下台去找我的导师派翠莎。

我问她：“派，我表现得如何？”派翠莎笑着看我，然后答道：“文杰，你的演说充满活力，非常活泼，但我觉得你比较像在念独白，而不是与观众对话。”

当时我心想：“真的吗？多数时候，当演讲者在台上演说，观众都只是静静观看，我要如何与他们对话？”派翠莎继续说道：“与两个人在对话一样，接收方不见得是用言语回应。倘若你能引发观众思考，并反复思索你说的话，那就是对话。但是，如果说话太快，观众根本跟不上。”

派翠莎接着举例说明，在此重现如下：

派翠莎：假如我问你，“文杰，你最后一次把握机会是何时？”

文杰：“是在……”

派翠莎：“各位先生女士，我们得要把握机会，因为机会可能只有一次。”

当下我立刻明白，派翠莎一字不漏地用了我演讲中的字句，在那天给了我当头棒喝。在台上对观众提出反问时，我甚至没有给他们足够的时间去同答或思索，只是急着把话讲完。难怪我的演讲是独白，而非对话，也难怪我在当下就输了那场比赛。

了解与观众对话的重要性是一回事，知道如何做到又是另一回事。现在正让你心焦的问题肯定是——“我们究竟要如何有效地与观众对话？”

答案很简单：运用停顿。

停顿使用得当的话，可与观众产生对话，在建立默契时将有显著效果。停顿时，你赋予观众时间思考，以及（虽然是在心里默默地）回应你反问的问题，还能让演说的讯息深入人心。

一般常见的停顿时间点

1. **受邀上台准备发表演讲时**

   在台上先花点时间让自己冷静下来，环顾四周，与观众进行眼神接触。开口说第一句话前，先露出自信的微笑。

2. **说完每个主要论点后**

   此时停顿可作为准备，以顺利进入下一个观点。观众在此时也能有足够的时间稍作休息，在心里记下你刚刚讲述完的论点。

3. **在你希望强调的重要论点前**

   例如，与其直说“各位先生、女士，迅速致富的方法唯有透过投资”，改说“各位先生、女士，迅速致富的方法（停顿）唯有透过投资”。后者停顿的动作，借助了沉默这个伙伴来吸引观众，进而发挥更大的影响——让观众有所期待。面对期待时，人类往往更希望得到答案，即便他们可能对主题毫无兴趣。透过停顿将期待的元素插入，利用他们引颈期盼的心情，你将能立即俘获观众的心。

清楚显示演讲者试图回顾过往，运用停顿制造效果时，仍应维持与观众的眼神接触。

有次，在我举办的演讲工作坊，有位仍在学习的学员问我：“戴老师，但是‘停顿’不会有被误解为‘不确定’的风险吗？”确实如此，当有人说话停顿时，可能会被误解为演讲者忘词，且拼命试图回想内容。究竟，企图制造预期效果的自信停顿与不确定的停顿有何差别？

有效停顿的关键在于演讲者停顿时，持续保持眼神接触。若演讲者停顿时，看向另一个大方向，没有任何的眼神交会（例如：看向天花板或自己的鞋子），显然是正试图回想讲稿或特定事件。反之，演讲者停顿时，若仍与一两位观众保持目光接触，则会被视为自信且刻意的停顿。

▲ 图表7：和观众眼神接触

为了突显两者的区别，我建议各位，在演说途中停顿时，看向一两位（最好不超过两位）观众并微笑。采用了上述技巧后，我相信，不久后你便能神色自若地发表扣人心弦的动人演说。

○ 习惯五 | 用故事传达重点

说教式的内容较乏味，用故事为演说增添趣味。

故事恒久且普遍，是最佳的沟通交流工具。相较于文字等其他沟通媒介，故事可承载更多的情感与想法。同样的演说讯息，透过故事，可以有更具创意的安排呈现。例如，一个故事可能隐藏了幽默的面向，遇到对个人而言可能过于严肃或敏感的演讲讯息（如关于死亡的议题），特别有效。借由故事，观众不会太过抗拒，发自内心的开怀大笑后，可能就会卸下心防。正如2001年世界演讲冠军拉克洛斯所言：以幽默贴近人心。

为表明运用故事表达观点的功效，我们不妨比较一下讲者 A 和讲者 B 告诉观众“追求梦想，人生无憾”的方式。

■ 演讲者 A

各位先生、女士，我们都讨厌人生留有遗憾，因此，自然不想等到一切为时已晚，才做出其实当下就能做的改变。让我们一起努力追求并实现梦想。
美国民权运动领袖马丁 · 路德 · 金（Martin Luther King Jr）牧师曾说过“我有一个梦想”（I have a dream），如今我想引申这句话，“让我们确保梦想会成真”。

演讲者 B

各位先生、女士，两周前，我问了我中三的学生："世上最富有的地方在哪里？"班长阿杰举手并自信满满地大声回答："南非的钻石矿坑。"接着，本班的资优生尚也回答："沙特阿拉伯的油井。"然后，信息科技小老师强纳森大喊："新加坡的淡马锡控股公司。"全班哄堂大笑。

一阵欢笑过后，我说："你们都回答得很好，但答案是错的。世上最富有的地方其实是墓地。"因为正如你所见，墓地里埋葬着许多人未完成的梦想，充满了许多人过于胆怯而未执行的想法。墓地里，有从未被听见的歌、从未上演的戏剧以及从未实现的构想。所有一切都是因为太多人没能采取行动追求梦想，最后让梦想与他们一同死去。

先生、女士们，世上最富有的地方是墓地，我们切莫再等待，不要再唉声叹气，让我们现在就采取行动，让我们把握今日，活得充实，勇敢追梦。

仔细检视过上述两个范例后，你比较喜欢哪一个版本？演讲者 A 措词强烈、热情且满腔热血；但是，与演讲者 B 的版本相较，各方面都相形失色许多，如：

❶ **多层次的情感诉求**

❷ **与观众的连结**

❸ **观众所受的冲击**

❹ **演讲讯息对观众的难忘程度**

所以，我们如何打造出震撼人心的故事？

公开演讲领域流传了众多方法，其中，我个人偏好两种方式：一种为1990年世界演讲冠军布鲁克（David Brooks）提出的方法，另一种为2000年世界演讲冠军泰特的方法。

布鲁克在他《演讲冠军秘诀（Speaking Secrets of the Champions）》系列

有声书中建议下列方法：

➲ 你不需要讲述伟大的故事，从身旁搜索拥有下列感受的时刻

➲ 避免说教，开启对话

1. 诉诸情感

布鲁克在《演讲冠军秘诀》系列有声书中教导读者，所有人类都拥有六种共通情绪：快乐、悲伤、愤怒、惊喜、厌恶及恐惧。因此，若你的故事诉诸上述一种或多种情感，便能立即引发观众共鸣。他接着解释，故事不见得要多伟大，不必是生死攸关，或像是登上圣母峰一般的伟大远征，或精彩刺激的总统选举等等。

其实，我们日常生活的片段反倒是很棒的故事材料。例如，我记得，有次我和父亲及邻居赛门在电梯里，赛门试图与我们闲聊，他看着我父亲问道："去上班啊？"（原文为"Going to work ah?"。说明："啊"是话语停顿时的补语，有些人用来作为句子结尾，属于通用"词汇"，如"啦"（lah）、"啰"（lor）或"了"（leh），也就是俗称的新加坡英语。）我父亲回答："对啊，要去上班。"在那个当下我观察到，赛门的问候或试图闲聊其实根本很多余，或可说是（有些人可能称之为）"再明显不过"。我的父亲拿着公文包，穿着上班服饰（衬衫和领带），那时是早上七点，除了工作之外，他还能去哪里？难道还需要多说吗？

上述的观察立刻成了我的幽默演讲素材，主旨就是有时我们常问些无谓的问题。透过我的一点即兴创作，一些更深入的观察，还有些许网络汲取的灵感，最后版本的演讲呈现为："各位先生、女士，我们新加坡人经常问一些无谓的问题。早上七点，搭电梯碰到邻居穿着西装，拿着公文包，我们会问'上班去啊？'此时，大可讽刺地回答'不是，是去你家'；或是，在高速公路上看到车子轮胎被刺破时，我们会问'轮胎被刺破了，对吗？'这时可以回答'不对，是其他三颗轮胎变肿了'；或是，看到朋友为校庆彩绘购物车时，问说'在画购物车吗？'可以回答'不是，在帮它擦指甲'。各位先生、女士，这下你应该明白我的意思了。"

上述内容其实是我在新加坡人民协会幽默演讲挑战杯（PA Humorous Speech Challenge Cup）得冠的演说片段。新加坡人民协会幽默演讲挑战杯为全国性的幽默演讲竞赛，会上有最优秀的演讲者，代表各自的社区中心或赛区参赛，与其他选手切磋演说技巧。我上述演说的方式是刻意口语化，以符合新加坡的民情。重点在于，无论你认为自己的故事多么"微不足道"或"无关紧要"，都要记到笔记本上，有天可能就会成为你的冠军演说素材。

2. 进行对话

布鲁克倡导进行对话。据他解释，今时今日，使用对话的方式更能符合观众期待，过去一世纪前诗人或剧作家那种华丽、高谈阔论的风格常态，已是过眼云烟。如今，随着网络及广告的出现，信息流通的速度才是重点。你演说的讯息得像简短的对话，否则难以吸引或打动观众。因此，故事尽量维持简洁扼要，少用艰涩的词汇，多用简单、白话的英语，避免观众产生误解。

泰特在《演说冠军秘诀》系列有声书中，也提出他的“4H”秘诀，分别是：

头脑（Head）	⇨	当你思考讲述内容的重要性与价值时，故事是否进入你的分析思维？
内心（Heart）	⇨	故事是否引发你的情感共鸣？回想上面提到的六种人类共通情感。
幽默（Humor）	⇨	你的故事能否消除观众间的紧张气氛，并透过有趣的描述让他们放松？
重击（Heavy Hitting）	⇨	你的故事能否冲击观众内心，并留下深刻印象？故事冲击力够大的话，你便会记得内容，同时也能记得与故事相关的演说讯息。

现在，我想说明一下自己如何将上述技巧应用在我的演讲中，希望借此你能获得一些技巧运用上的收获。我从过去演讲中节录了一个故事范本，重现如下，并在右侧栏位中标明应用 4H 的情况。

演讲分析 分析 4H 的应用状况

一年前，我想和朋友霍豪去滨海艺术中心（Esplanade）看“喜剧天后库玛尔”（The Kumar Show）的表演，所以我们去了滨海艺术中心的售票口买票，售票员是英文母语人士，她长得很漂亮，跟朱莉（Angelina Jolie）一样美！（观众大笑）	**幽默**（Humor） 与观众建立默契

⇩

我走上前，很有礼貌地问她，“小姐，我想买两张‘喜剧天后库玛尔’在滨海艺术中心的票。”她听到我说把滨海艺术中心念成 Espla[nade] 时，非常生气，立刻指着我说“不对！”（观众大笑） 新加坡服务态度可真好，对吗？（观众大笑） 她很激动地说，“滨海艺术中心不该念 Espla[nade]，应该要念 Espla[nard]，相信我，我是对的，这是我的母语”。（观众大笑）	**内心（Heart）** 六种共同情感中，诉诸其中一种或两种情感（烦躁——愤怒及厌恶）

⇩

我清楚地记得，我的中学英文老师说这个字有两种念法。事实上，比较正确的念法应该是 Espla[nade]，你说柠檬水（Lemonade）时，发音是 Lemo[nade]。（观众大笑） 你不会念成 Lemo[nard]。（观众大笑） 因此，我决定上滨海艺术中心的官网查查 Esplanade 的念法。身为新加坡人，我必须知道新加坡的“大榴莲”地标到底怎么念。（观众大笑） 各位先生、女士，根据滨海艺术中心的官网，Espla[nade] 或 Espla[nard] 两种念法都正确。（观众大笑） 确认完之后，我又回去取票。（观众大笑）	**头脑（Head）** 此处的分析很有道理。由此推论的结论显然很合理且合乎逻辑。

⇩

售票口里坐着同一位小姐。取票时，我不经意地提到“喔，对了，滨海艺术中心的念法可以是 Espla[nade] 或 Espla[nard]，我上‘Espla[nade]’的官网确认过了”。（观众大笑） 她回我：“好吧，你赢了，Espla[nade] 或 Espla[nard]，随便都行。”（观众大笑）	

⇩

各位先生、女士，我今天想告诉各位的重点，并非我想证明自己是对的，也不是我过度坚持。我的重点是想强调：即便是母语，没有人可以自称自己的英文是百分之一百正确的，下次当我们坚持自己在某件事情上是对的时，最好先仔细确认，而不是设想因为自己属于某个团体，便自然拥有像故事里提到的比较优势（comparative advantages）。	**重击（Heavy Hitting）** 用发人深省且热情的方式总结，在观众心中留下深刻印象。

○ 习惯六 | 总是准备一个"语料库"

建立自己的词汇、语句、趣味事件、名言、故事的数据库。

犹记小时候，大约小学或中学时，英文老师会建议你建一个字库。字库可以是一本书或笔记本，记录所有学到的新词，也许是你发现的有趣标语或同学在课堂演讲（show-and-tell）使用的词汇。

同样地，所有世界演讲冠军都有一个共通习惯——他们都有一个语料库，收集了词汇、短语、语句、趣味事件、名言或脑海闪现的故事。走路上班、坐公交车或甚至在附近超市购买日用品时，都可以随时随地记录这些用语或素材。经年累月下来，你会发现自己的语料库内收集了大量资料，对你的专业演说生涯将大有助益。你必须刻意努力，孜孜矻矻，好的演说素材不会在一夜之间从天而降，而是日积月累而来的。

建立语料库，累积词汇、短语或故事的用意在于，让你拥有丰富的宝库，可从中获取素材构思致胜演说。当然，我几乎可以听见你在心里大声惊呼，“啊，但你不是才说这些故事令人难忘吗？我绝对可以记得它们，我记忆力很好”。没错，千真万确。

不过，你不太可能记得过去十年来每一件有趣的轶事，上台前一天才试着回忆，到时可能想都想不起来，除非你拥有超级记忆（eidetic memory）。正如中文有句名言，“好脑子不如烂笔头”。因此，无论去哪里，永远记得随身携带你的“语料库”。随着科技进步，你甚至无须再大费周章随身带本书，你可以将词汇或素材存在智能手机里。

○ 习惯七 | 彩排，彩排，再彩排！

在正式演说前要不断演练，达到最熟练的状态。

优秀演说的特征就是经过多次排练。俗话说，“熟能生巧”。每当演讲教练或指导老师指示你再尝试练习某个特定要点时，相信这句名言就会浮现在你的脑海中。确实，此话所言甚是，然而，我们却经常疏于教导一件事，就是在实际演讲前，如何彩排最适当且有效。请牢记三个重点。

➲ 重点一：必须一字不漏地把讲稿写出来

相信你的自然反应会觉得这种方法违反直觉，尤其是当我们从小就不断被灌输提醒：永远不要用散文的方式写讲稿，永远以条列式誊稿。

进一步说明写出全部讲稿的例子之前，我有几件事想要澄清。首先，你仍旧需要掌握演讲的主旨与主要次序，这是为了避免你忘词时在台上傻眼的情况。其次，逐字逐句地写出讲稿这种方法，较适用于相对较短的演说（依演讲时间长度而定），像是就职演说、投影片简报或有明确时间限制的演讲比赛等。因此，三小时长的授课或讲座之类的演说，并不适用逐字逐句写出讲稿这种方法。

必须逐字逐句写出讲稿的原因有二：

① 参加比赛时，只有五到七分钟的时间发表演说，必须确保用字的效益。基本上，所谓预先准备的演讲，就是让演讲者有充足的时间仔细规划，选择用字与编排。正如一句名言，“出色的演说不是写出来的，是重写出来的”。竭尽心力，审慎安排用字，将会影响演说讯息最终传递的力道，也会影响演说的总长及内容的焦点。

② 逐字逐句写出讲稿，可以让你全面地审视演说内容，方便修改。另一方面，若只写出条列式的重点，仅凭记忆来修改讲稿，绝非易事。

> **写出讲稿的优势**
>
> • 掌握演讲的主旨与次序。
> • 规划用字的效益（在时间较短的演说情境下）。
> ⇨ 时间较长的讲座并不适用
> • 方便审视、修改讲稿。

➲ 重点二：找到好的指导老师

确保你拥有经验丰富、可靠的指导老师，可以在每个准备阶段为你提供建议。指导老师将能指出需要改进之处，有助于加快你的学习效率，让你无须重蹈他的覆辙才能获取教训。许多世界演讲冠军赛的冠军都有一个明显的共通点——找到好的指导老师。

➲ 重点三：利用镜子练习

还记得你听过一些演说大师建议你在镜子前练习或彩排吗？这个建议非常好，有助于你意识到自己的缺点，比起由别人看到再指出问题，自己发现缺点总是较为有用。

尽管如此，在镜子前练习或彩排并非最好的办法，因为你必须有意识地在镜子前看着自己，因而无暇运用更夸张的肢体语言。再者，面向镜子时，你只能从特定方向看到自己，倘若演讲需要你躺在地上或背对观众，那么你将无法研究自己的肢体语言。

因此，最好的办法是投资一台摄影机，拍摄自己的演出。这个方法再重要不过，透过摄录自己的演出，你能回顾整个表演，甚至倒带研究肢体语言是否合宜，以便后续进行微调。

保存所有的影像记录，如此你才能追踪自己数月或数年来的进展。你将会发现自己突飞猛进。

○ 习惯八 | 把握每个可得的说话机会

只在镜子前面练习是不够的，把握任何公开演说的机会。

2001 年世界演讲冠军拉克洛斯说得很好：上台，上台，再上台！基本上，就是把握每个可得的说话机会，不要拒绝上台，哪怕是接受当地国际演讲协会的演说邀请，朋友生日聚会上的五分钟致词，或是与邻居谈论运动的益处，甚或在老板面前做简报，绝不放过每次机会。

我上中学四年级时，获得新加坡基督教青年会（YMCA）邀请，担任基督教青年会简明英语演讲比赛（Plain English Speaking Award，PESA）颁奖典礼司仪。那次的经历让当时的我十分紧张，因为在那之前，我从未在五百人面前主持过颁奖典礼。所幸主办单位鼎力相助，他们尽全力协助我做好准备。据他们表示，我表现得非常好，后来我便经常获邀替他们主持活动，自此我就好比新加坡基督教青年会的御用司仪，主持了多项活动，从颁奖典礼到慈善活动正式发表会等等。我从未拒绝任何可得的上台机会，因为我明白持续改进及学习演说的方法无他，唯有不断说话。

几年后，有位知名企业的高级主管邀请我参加他们的年度研讨会，分享加强演说等软实力的方法，我当下感到无所适从，因为当时的我从未在一千多人面前演讲。自然而然地，她与我谈到了研讨会的演讲费用，我告诉她“免费（free）！”，她十分惊讶，并回道：“我们公司都有拨预算给演讲者，如果钱太少，直说无妨，我们给每位演讲者的预算大约是每小时五百元新币。”我立刻改口说：“喔，我不是说免费，而是说收费（fee）。”

我从最初随时把握上台训练的机会，设法精进自我，现在我可以很自豪地说，自己已经从免费升级为一名收费的专业演讲者。你也可以像我一样，抓紧每个送上门的说话机会，帮助自己突飞猛进。

我建议各位参加当地的国际演讲协会，国际演讲协会在新加坡历史悠久，全国约有二百二十个英语演讲分会（截至 2018 年为止的正确资料）。加入当地的演讲协会，可提供机会让你磨练自己的演说与领导能力，你将能在那里发掘无数的上台机会，并有一群志同道合的演讲伙伴不断支持鼓励你。比起在重要的销售会议上犯错，或面对重要客户进行业务简报时砸锅，那里是从错误中学习的最佳场所。

○ 习惯九｜给予观众实际可达成的小目标

宏远的目标像口号，生活中可实现的改变才能和观众产生连结。

试想若有位演讲者走上台，自信满满地说：“各位先生、女士，让我们相亲相爱，只要齐心协力，我们就能实现世界和平！”请问你会作何反应？大概不会把演讲者的话当真，即便你认真听了，离开时可能也会心想这场演讲是否会改变你的生活。

与其赋予观众一个宏大的奋斗目标，倒不如选择可实现的小目标，对观众更别具意义。在此，我得先警告各位，选择可实现的小目标绝非在暗示观众无法做出大转变。相反地，这意味着所有重大变化都始于微小的改变。若你能将大目标分成数个微小的改变，让观众一回家就能立即采取行动，他们会更易于理解。

所以，与其说“让我们相亲相爱，只要齐心协力，我们就能实现世界和平”，不如把目标分成几个观众可立即达成的小步骤，像是“各位先生、女士，让我们相亲相爱，不论事情多微不足道，都要感谢所爱的人的付出，像是对方在你口渴时为你倒水，或你不在时为你预录最爱的电视节目，你都可以向对方表达谢意，感谢亲人为我们做的每件小事，毕竟，正因为有这些小小的用心所共同编织的爱，我们才得以团结凝聚在一起。”

从上述提供的范例，后者显然比前者更能打动观众。因此，下次在观众面前发表演说时，请记得将大目标分成数个实际可实现的小目标，让观众更容易吸收、消化与融会贯通。

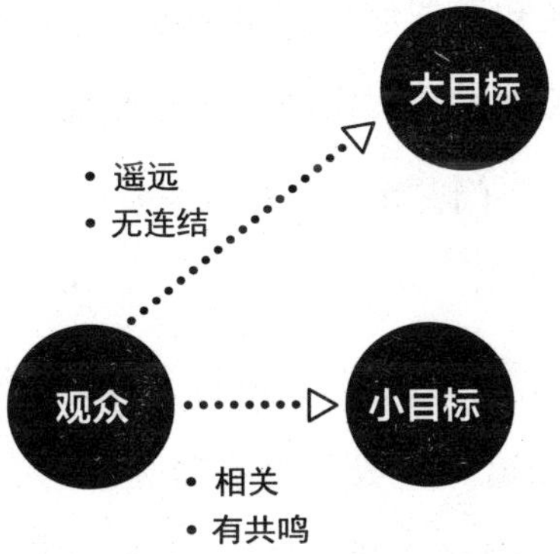

▲ 图表 8：观众与目标设定的关系

○ 习惯十 | 学习解析精彩演说

向对手学习，学习他们的长处，吸取他们的优点。

我参加第一场辩论赛时，遇到的就是国家辩论队。那次的经历让我相当气馁，当然结果也在意料之中，我的队伍输得一败涂地，在我的辩论生涯中，那次的胜败差距也是至今最大的。然而，我的辩论教练告诉我，“文杰，不妨把这次比赛当作一次学习机会，如果你能分析他们的优势，然后效仿他们，很快地你也能成为优秀的辩手”。永远向最优秀的人学习，透过分析他们的长处，然后与自己现有的演说架构及能力融合，精益求精。

老虎伍兹并非生来就知道如何打高尔夫球，他同样得历尽艰辛，不断从错误中学习。当他发现关键在于分析与模仿专业高尔夫球手的长处之后，便进步飞快。同理，演讲是一门艺术，一门技艺，需要分析并仿效冠军演讲者的优点，才能愈臻完美。

第十个习惯是集结前面其他九个习惯，将之化为一种练习。为了有效分析精彩演说，你必须知道其优异之处在哪里。一旦能分辨优点，你便更能欣赏动人演说如何运用创意变化，以达到预期效果。关键在于辨别成功的演讲架构，并在下次演说时复制这些优点，如此一来，你便能吸引、娱乐并打动观众。

除了分析演说的成功要素之外，找出可达到的改进之处也相当重要，有助于演讲更加出色。所有伟大演说总有需要改进之处，即便看似完美的演说也不例外。需要改善之处可能包含各种形式，例如：让笑料更画龙点睛，“笑果”更大；用字更有效益；加强肢体语言，以强调演说观点等。找出改善之处的主要优点在于，你能更深入评估演说各层面的价值，钻研别具创意或更有力的代换方式。有时，你也可以把从优秀演讲者学到的长处，应用到手边现有的演说上。

为详细说明如何练习解析演说，我重现了六年前参加国际演讲比赛的获胜演说。那时，我就读初院（Junior College）一年级，事后来看，若当时分析了过去获胜者的演讲，相信我会做得更好。

演讲分析　题目：为何天空不是红色的？

演讲内容	分析
为什么天空不是红色的？（停顿）或者，如此说来，为何天空不是橘色、紫色或黄色的？为何天永远是蓝色的？试想小学一年级或幼稚园老师用惊恐、厌恶的语气告诉可怜的孩子：“文杰，你怎能把天空变成红色的？天空是蓝色的！难道你看不见吗？”并且坚持让那可怜的孩子将天空变回蓝色。（观众大笑）	讲稿遵循的架构为有力的开头→既有问题→后果→可能的解决之道→结论 ㊝ 引人入胜的开头，加上一开始就以反问句吸引观众，让他们思考问题背后的含义。呼应 2000 年世界演讲冠军泰特的 4H：头脑。
⇩	
但是，小孩的眼睛看得见大人不再看见的事物，大人的眼里塞满了大量的工作及琐事。太阳下山时，天空确实有黄色和橘色的色调（观众大笑）；而黄昏时当雷雨酝酿，天空会呈现紫红色（观众大笑）。	㊝ 幽默：有助于缩短演讲者与部分心防较高的观众的距离，同时与观众有效建立默契。
⇩	
天真孩子的观察力敏锐，眼睛看到了成人在日常俗务及工作中经常错过或遗忘的细节。大人早已忘了用新奇、天真且没有偏见的目光看待这个世界。（在缓慢且刻意地说出最后四个字后停顿，制造效果）	㊝ 停顿的时间点很好，有效果。声音变化的运用绝佳（声音变化的部分将于第 10 章讨论）

⇩

谁知道？由于我们狭隘顽固的偏见，可能会因此扼杀新一代里的另一个莫奈、毕加索或安迪·沃霍尔。（观众大笑）	

⇩

最好的例子就是现在新加坡的教育体系。根据加拿大安大略省滑铁卢大学心理学教授罗斯（Hildy Ross）博士指出，她进行了一项阅读调查，发现在各国学生当中，新加坡学生较容易坚持标准答案及“经认可”的框架，这一切都是因为他们想得到高分。 例如，写作文时，剑桥大学考试委员会（Cambridge Examination Board）已经明令，诸如“我最好的朋友”之类的题目仅限于有限的解读范围。我最好的朋友不能是一只狗或一支笔，必须是人类。（观众大笑）	㊝ 利用范例来支持主要的实际问题，因为命题与心理学专家的研究发现相关，建立演讲者演说的可信度。

⇩

各位先生、女士，这便是现今问题的症结所在，现在的学生害怕踏出权威所划限的舒适圈。若考官不了解我试图陈述的观点怎么办？如果我的创意不被理解怎么办？如果我失败了，该怎么办？孩子们如今很困惑：我该聪明地作答，还是发挥写作创意？	㊝ 优秀地运用三组排比，重复“如果……怎么办”的句型，更容易记得此处的重点。

⇩

最近，我参加了一场教育研讨会，其中一位演讲嘉宾说了一个故事如下：鸭子进入动物学院就读，学校里每个动物都必须修同样的科目，以减轻行政体系的负担。学校采用的活动课程包含了跑步、攀爬、游泳及飞行。鸭子是游泳冠军，飞行表现也不错，但它的导师一心想证明蹒跚行走的动物也能冲刺短跑，因此，鸭子苦心研究与练习跑步，这是它最弱的项目，它苦练到脚蹼长满水泡，痛到无法游泳。（观众大笑） 至于兔子，它是校内最快的跑者，但游泳就不行了。结果，因为游泳成绩很差，它心情低落，因而接受了长期的心理治疗。（观众大笑） 毕业典礼那天来临，鳄龟被评为表现最佳的资优生，它游泳很棒，跑得还行，利用从高处的石头跳水，看来勉强像是飞行，因此飞行成绩及格。（观众大笑）	㊝用故事传达重点。好故事的 4H 确认。

⇩

各位先生、女士，这故事让你想到什么？坚持让孩童在幼年就学习科学及抽象数学的教育体系；坚持孩童必须严格遵守课纲要求的体系；顺服为常态的体系。敢于与众不同的孩子被排斥及边缘化，天空不能是红色，这类例子不胜枚举。	㊝ 再度善用重复句型。 ㊇ 运用浅显易懂的英文，而非“大字”，像是“精髓”（quintessential），更好的代换词可用“典型”，讲者应该多加复习文法，避免偶尔的错误。

⇩

有鉴于此，扼杀创造力的可能后果就是想法与思考并无二致，即便创业精神风靡一时。当学生选择了标准答案，便不愿意承担风险，届时，创业思想或精神将会很少见；相反地，我们会有一群典型的公务员，总是遵循标准的作业程序，而且从不敢尝试不同事物。 我们应当站在同一阵线，共同面对困难，提供政府聪明有用的建议，尝试解决问题。相关建议包括：让学生主修最擅长的科目，在他们的教育“历程”中将语言列为必修。	㊎ 有鉴于此演说隶属于说服型演讲，应该可以在此处多加运用文学修辞法。比起过多的词汇，各种反诘问题更容易吸引观众。

⇩

让学生展现创意，不要逼迫他们学习考试导向的读书方法。此外，父母也该多为孩子考虑，多与他们沟通。允许孩子自己选择想学习的事物、想写的内容或想做的专题，让我们从此着手。 让我们允许孩子成为游泳速度最快的鸭子或短跑速度最快的兔子，如果真的能力不及，就不要逼他们攀爬或跑步。 让我们与亲人多相处，坚持使用更正确的关怀孩子的方式。	㊝ 实际的小目标：观众可以更加努力地与自己的子女交流。

⇩

恳请各位，先生、女士们，在告诉孩子天空在你看来是什么颜色之前，请停下脚步，从儿童的目光来看待事物。小孩可以也可能是正确的，下次有孩子问你，天空可否是红色的，请赞同他的观点，天空确实可以是红色的。（观众大笑，鼓掌欢呼）	㊝ 情绪用语的选字绝佳，像是用“恳请”打动观众内心。同时，总结非常从容。

你可从下列来源取得精彩演说：

① 摄录优秀演讲者的演说。但是，请注意，在录像前，得先征求对方同意。

② 购买国际演讲协会年会的 DVD，以获得过去几年世界演讲冠军赛的影片。

③ 参加当地举办的演讲比赛，请主办单位录像（或是经主办单位及其他演讲者同意后，自行录下比赛）

过去三年来，我已经累积了超过三百场演讲的分析资料，而且对此仍旧相当热衷。学习是终身的过程，希望你在学习演讲这门艺术时，能和我获得一样多的乐趣，敬祝一切顺利！

演讲达人的10个习惯

① 正向思考
② 以重复的方法加深记忆
③ 与观众建立默契
④ 从容停顿
⑤ 用故事传达重点
⑥ 总是准备语料库
⑦ 彩排，彩排，再彩排！
⑧ 把握每个可得的说话机会
⑨ 从实际可达成的小目标着手
⑩ 学习解析精彩演说

练　习

用演讲达人的10个习惯检视自己，找出需改进之处。

第 4 章

即席演讲致胜秘诀

——随时随地都能发表演说

技巧一　利用“抽丝剥茧”法（PEEL）

被点名进行辩证时，能有效建立条理分明的演说架构与流程。

技巧二　使用久经考验的演说架构

参考曾被使用过的演说架构，取其优势并演化它。

技巧三　模式、经典的置入

随时准备能应用于各种主题、场合的演说数据库。

技巧四　熟能生巧

就算是即席演讲，只要平常多做练习，也能够取胜。

技巧五　使用多个角度分析主题

永远不要满足于只用单一角度来分析主题。

这里所谓的“即席演讲”，不是只指上台前几分钟抽演讲题目、上台演说的比赛，在这个章节，我们把“即席演讲”的范畴拉大，举凡“临时在公开场合发表意见”都算。根据统计，人对于公开演说的恐惧程度远胜于死亡，但只要掌握这些秘诀，就能够克服恐惧了。

不论在职场、课堂、与老板或重要客户的会议或是演讲比赛，即席演讲可说是最令人恐惧的演说形式。我们之所以害怕，主要源于人类对未知的恐惧。若有人问你：“嘿，你三天内能在乌节大酒店（Orchard Hotel）宴会厅发表关于自己的演说吗？”你可能会紧张，但至少仍有时间事先准备演讲。你是准备就绪的。

这正好与最后关头的请求相反，如果有人说“嘿，你现在能发表关于自己的演讲吗？原定的演讲者因为大塞车无法赶到”，你会发现自己开始恐慌，因为没时间准备演讲，可能甚至不知道自己要说些什么！正因如此不确定，助长了我们对即席演讲的恐惧。更糟的是，这不安当中，还混杂了因为演说准备不周在台上出糗的可能，声誉搞不好会全毁！这种内在恐惧也解释了多数演讲者不想进入问答时间的原因，害怕被棘手的问题难倒。

在典型的演讲协会会议里，有个环节称为“即席问答”（Table Topics）。即席问答的段落基本上就是即席演讲，即席问答主持人（指定成员或会准备几个一般主题的嘉宾）会请自愿者上台，任意选择一个题目演讲一到两分钟。演讲者事先不会有与题目相关的知识，而且在回答手头的题目前，大约只有五秒的时间可以思考。

值得注意的是，此时，当即席问答主持人邀请自愿者来回应即席问答题目时，即便不是全部，也会有许多人突然对其他事情感兴趣，像是他们的笔突然间更具吸引力，突然注意到手表显示的时间，或有时会需要接一通紧急电话。上述所有对于主持人请大家发表的反射动作，都是在极力避免与主持人有眼神接触，深怕被点名演讲。

然而，我们对于能够轻松自如地进行即席演讲的演讲者，感到敬畏、惊讶与钦佩。我们渴望并希冀模仿的这些冠军演讲者，他们当下似乎能以惊人的速度思考，发表看似经过准备的演说。某些演讲者的即席演讲听来，好像已经准备了数月，甚至数年。

就个人而言，我非常感谢从中学至今所接受的辩论与演讲训练。许多朋友告诉我，“文杰，你是新加坡国立大学法学院学生，两年后，你将成为新加坡的执业律师，想必快速思考的能力至关重要”。我同意他们的说法，但是，我认为快速思考的能力并非少数职业的唯一特权，每个人在日常生活中都需要快速思考的能力，例如：

① 解释客户或老板对你正在进行的项目有疑虑之处

② 小孩要求你示范如何打羽毛球时

③ 课堂上被点名起来回答问题

④ 破冰活动时，被要求向朋友或来宾自我介绍

⑤ 若你能轻松自若地回答问题或闲聊，会在家人、朋友或同事面前留下良好印象

类似情况不胜枚举。现在，重要的问题来了，既然即席演讲如此重要，我们该如何才能有突出表现？

你能运用五个关键技巧来增进即席演讲能力。这五项关键技巧并非仅限希望赢得即席演讲冠军的参赛者所用，同样适用于其他情况，像是被点名发表意见，表明立场或回应上述提及的任何情境（绝对还有更多例子）的询问。

针对努力提升自我并希望赢得下次重大比赛的演讲爱好者与认真的即席演讲选手，我将在本章末加入一个特殊段落，在当中，我将纳入自己的获奖演说（分会层级），并进行演讲分析。这是我2012年在新加坡博览会中心（Singapore EXPO）举办的国际演讲协会80地区即席问答冠军赛（Toastmasters International District 80 Table Topics Championship）获胜的演讲。

注：在国际演讲协会，赛制进行的方式为：分会→区→部→地区总会。若你在分会层级获胜，将可晋级至区层级，与其他分会冠军竞争。赢得区层级比赛后，将逐步晋级至部及至地区总会层级。

○ 技巧一 | 利用“抽丝剥茧”法（PEEL）

在被点名进行辩证时，能有效建立条理分明的演说架构与流程。

如同在第2章所分享的那样，抽丝剥茧法相当实用，此种方法可为你提供心理架构，让你组织想法。条理越分明的思考过程，口语表达越能流利且令人信服。方法如下：

论点（Point）⇨ **解释**（Explanation）⇨ **举例**（Example）⇨ **连结**（Link）

假设老板问你：“约翰，你能否向我解释为何 ABC 公司被选为外部供应商，为我们提供 A4 大小印有信头的信笺？”

依照抽丝剥茧法，你的回应可以是：

Point 论点	老板，ABC 公司获选，是因为他们向我们的评选委员会提供了最佳质量保证。

⇩

Explanation 解释	ABC 公司向我们展示了他们先进的印刷机作业原理，因而有别于其他业界竞争者。他们所谈到的较为先进的技术，将能大幅节约成本，进而减少生产成本，让零售价格更低，我们公司将可从中获益。

⇩

Example 举例	ABC 公司与我们分享，信笺将以每1000件3.24美元的价格出售。相较于竞争的 EFG 公司每1000件6.48美元的报价，可节省50%的成本。虽然价格较低，但并不影响纸张的质量和印刷颜色。

⇩

Link 连结	因此，我们相信 ABC 公司是最理想的外部供应商，不仅提供的价格较便宜，还有成品的质量保证。

为了建立强烈的连结，演讲者需要记住下列几点：

❶ **总结解释与举例阶段所说的内容**

❷ **重述你的立场（即你的论点）**

❸ **简单扼要**

为了详细说明，我将把抽丝剥茧法应用于即席问答比赛的一个题目："失败为成功之母"。

Point 论点	没错，我同意"失败为成功之母"这句话。

⇩

Explanation 解释	唯有透过失败，我们才能学到重要的教训，使我们最终获得成功。当我们在实现目标的特定路途中失败时，我们会知道这条途径行不通，因而据此改正。借由多次改正失败模式，我们最终才能成功。

⇩

Example 举例	爱迪生并非第一次就发明灯泡，在他成功前，总共尝试了一千次。受访时，他表示那九百九十九次的失败，其实是最终迈向成功的九百九十九步历程。
⇩	
Link 连结	所以，最初失败时，我们不该放弃。有鉴于身边许多例子，我们应该认识到一件事，失败只是最终成功前的一步或一段历程。失败绝对是成功之母。

○ 技巧二 | 使用久经考验的演说架构

参考曾被使用过的演说架构，取其优势并演化它。

在国际演讲协会，即席问答主持人可能偶尔会分享一些演说架构，能帮助演讲者更自信地处理题目。久经考验的演说架构有助于思绪的条理清晰，因此，对口语表达的清晰度也有助益。演说架构是一个心理过程，可引导你一步步补充各种程度的信息。

➲ 运用“过去、现在与未来”的方法

你可从不同时期回顾主题来进行演说，例如，若拿到的题目是“成长”，便可运用“过去、现在与未来”的方法来进入主题，你可以说：

过去	从前，成长相对较为自由自在。新加坡的发展并不像现在如此繁荣，全球社会成长的步调也较为缓慢。以前小时候玩的游戏是大理石和纸风筝，而且，在甘榜（Kampong）长大，通常与邻居之间的互动也较为频繁。

⇩

现在	如今，科技发展迅速，小孩已经不玩大理石和纸风筝，成长于现代新加坡，让我们得以享有最新型的智能手机，像是苹果或黑莓机。此外，我们也热爱高画质的PlayStation，这是过去人们想都不敢想的。

⇩

未来	有鉴于现今的科技进展，未来小孩的成长可能较少涉及面对面的人际互动。眼见愈来愈金钱至上的竞争环境，未来的青年可能会面临更多压力。

➲ 使用钟摆法

钟摆法的意思是分析特定主题的利弊，如同钟摆左右来回摆荡。举例来说，若你拿到的题目是“新加坡应该再建一座更大型的综合度假村”，可以如此分析：

利	再建一座更大型的综合度假村的话，好处是度假村可为经济带来大量的观光收入。在此，可采用抽丝剥茧法来证明，解释为何会有大量的观光收入流入国库。

⇩

弊	再建一座更大型的综合度假村，其不利之处在于对打击赌博成瘾运动有负面影响。在此，你可运用抽丝剥茧法来说明原因。

➲ 问题、后果及解决方法

针对诸如“青少年高堕胎率”等特定现象的主题，可以利用下列结构进入主题：

问题	客观说明现有问题
⇩	
后果	讨论若不处理问题，可能发生的效应
⇩	
解决方法	针对问题进行评估，并提出几项解决方案。若手边有资料，以论理或案例研究来证明；此处也适用抽丝剥茧法来说明你的解决方案

➲ 地方、国家及国际

此架构不言自明，可从如社区等在地区域的观点审视议题着手分析，再转移至国家层面，最后再进入对全球社会的影响。相关主题的范例如下：

① 犯罪问题

② 教育政策

③ 科技发展

④ 文化习俗

▲图表9：经典实用的演说架构

○ 技巧三 | 模式、经典的置入

随时准备能应用于各种主题、场合的演说数据库。

处理即兴主题的最佳方式，就是以说故事来传达重点，好处有二：第一，给演讲者多点时间从容地贯串各个观点；第二，借由大家几乎都会有的个人经历，增添“人情味”，有助于与观众建立默契。

大众对于即席演讲常见的误解，是以为它是毫无准备的演讲。事实上，正好相反，即席演讲可以也应该是备稿演讲。即席演讲冠军最大的秘密，其实就是他们几乎随时都在用故事表达观点，因此，这个故事在真正比赛前，其实早已经过多次彩排。但是，问题来了，“参赛者如何知道要准备哪个故事？”毕竟比赛当天才会揭晓主题，他们无从事先得知。

关键就在于模式／典范置入。这是我从自己的指导老师们身上学到的技巧，他们都是即席演讲冠军。相信我，这些技巧非常管用，因此我才能在2012年国际演讲协会新加坡区即席问答冠军赛崭露头角，成为冠军。在我参加的每个即席问答比赛前，我会准备至少十个需要数月可练习及彩排的故事。每个故事通常会有一个以上的演说讯息，例如，若你回过头参考第1章的故事，即我的好友冯安强与新加坡知名企业家洪爱玲的互动，便会发现当中有三则演讲讯息：① 面对困难永不放弃；② 永远要留下好的第一印象；③ 站在巨人的肩膀上，现代社会大众因为人而消费。

现在，谜底揭晓，我的十个故事里，每则故事都含有至少三个演说讯息，如果你算一算，那表示我将有三十个准备充分的主题！根据我参加即席问答比赛的经验，加上本身对过去主题趋势的深入观察，我知道某些主题几乎都会出现在竞赛上，只要我准备充分去参赛，比起毫无准备，赢面将会大幅提高。

在你所准备的三十个演说讯息中，若拿到的主题与其中一项完全相符，当机立断地运用相应的故事。若拿到的主题与其中一项需经过引导才相符，你需要建立某些连结，让主题跟故事的关联更紧密。然而，若拿到的主题与准备的三十个演说讯息毫无相关，千万不要将讯息强加于所准备的故事里。你最不愿发生的事，就是发表离题或与主题无关的演说。

❍ 技巧四 | 熟能生巧

就算是即席演讲，只要平常多做练习，也能够取胜。

再度与一般看法相悖，你其实可以准备无法准备的演讲。怎么做呢?

➲ 必须对自己的案例了若指掌

这点特别适用于分别面对对手或客户的辩手或专业人士。许多人惊叹辩手的思考迅速，其实秘诀就在于他们对于手边案例相当熟稔。透过了解自己的案例，你将能处理与案例相关的所有问题及反对意见。

另一个诀窍就是抢先提出将被提及的要点。请朋友想想你的对手或客户可能提出的观点，然后制定对策来抵制反对意见。进行模拟演练及问答，让自己接触不同排列组合的结果及可能出现的阻碍。尽管难以预想所有可先发制人的情况，但事先演练你认为可能受挫的重要情境，仍不失为明智之举。

➲ 熟练各类型主题

对即席演讲选手而言，尽量练习各类型的主题，愈多愈好，如此一来，你将能了解处理这些主题的可能方式。我的导师过去是新加坡即席问答冠军，在冠军赛前一周，他总共练习过五百个主题，最后，确实因此在台上更胜一筹，比其他九位选手更有耐力，表现也更出色，最终荣获冠军。他的确恪守了“熟能生巧”这句格言。

▲ 图表10：平时准备演说的方法

○ 技巧五 | 使用多个角度分析主题

永远不要满足于只用单一角度来分析主题。

2011年，我负责训练一所中学的辩论队（最终他们荣获2011年新加坡中学辩论锦标赛 C 部冠军）。集训时，我给其中一位辩手即兴主题，题目为“为何我们有言论自由？”，借此用以评估他们快速思考的能力。我的辩手花了整整两分钟，讲述言论自由为人类与生俱来且不可剥夺的权利，当她结束辩论，我问：“除了言论自由为人生而俱来的权利外，你能否提出其他观点？”

她向我承认，自己确实一直在东拉西扯，不知所云。我建议她：“要不把言论自由视为探究真理的机制？还是，把言论自由视为民主等政治体系的重要价值？”我稍后向他们解释，希望言之有“物”的最佳方式就是后退一步，看看自己能否从多重角度来探讨议题。你会发现自己能提出来讨论的观点，其实还很多。不要问自己“还有什么要说的？”，而是自问“我能否从政治、经济或社会的立场讨论？我能否从地方、国家或国际的立场讨论？我能否从教师、政治人物或音乐家的立场讨论？”。

将自己置入不同角色、不同时代或不同的地理位置，设身处地地去思考，你会发现自己有许多意见可论述，而非只是瞪大眼睛问：“还有什么要说的吗？”

演讲分析　即席问答题目“反馈社会的方式”

中学三年级时，我初次参加了慈善募款日（Flag Day）。基本上，慈善募款日在做的事，就是你带着一个锡罐，在街上向其他人募款。

新加坡最繁荣的就是乌节路（Orchard Road），所以我去了位于那里的幸运广场（Lucky Plaza），希望能交上点好运。（观众大笑）

最初，我先接近一位白人，我问他：“先生，你想捐点钱吗？”
他问我：“你代表哪个机构？”
我回答：“SPCA。”
他问道：“它代表的是？”
“SPCA。”

> 强而有力的开场，开场可用下列形式：①引述；②对话；③故事。
>
> 此处用的是个人故事。个人经验是好故事的最佳素材，因为既独特，又方便演讲者自己量身打造。

⇩

在座有多少人知道SPCA 代表什么？没人知道。（观众大笑） 我自信满满地告诉他：“SPCA 代表防止虐待动物协会（the Society for Prevention of Cruelty to Animals）。”（观众大笑） 当他听到动物二字，立刻兴奋地大喊“我热爱动物！”，他拿出五十元钞票投入我的罐子。（观众大笑，惊讶地倒抽一口气） 看得出来你们还蛮讶异的。接着，我说：“先生，既然你这么热爱动物，何不多捐一点？”（观众大笑） 他说：“没问题。”然后拿出另一张五十元钞票投进我的罐子。（观众大笑）	记得泰特的4H：幽默。 幽默是与观众建立默契的最佳方式，也是传递演讲讯息最有效的方法，尤其当演讲者只有一至两分钟的时间能留下良好印象时更是如此。

⇩

各位先生、女士，当时我兴高采烈，激动万分，甚至兴奋不已，因为第一个接触的人就捐了一百元。（观众大笑）	演讲者运用模式/典范置入法。这是他演练多时且完全符合主题的故事。

⇩

但是，我只知道一种反馈社会的方式，就是慈善募款日。除此之外，我一无所知。直到与新加坡基督教青年会一同参与的许多意义非凡的计划，进而逐渐认识到社会企业精神的概念，才发现其他为社会贡献的替代方式。是的，社会企业精神是另一种有意义的方式，可帮助反馈社会，指的是一种商业模式，透过经营赚取利润，然后利用部分获利来嘉惠社会中有需要的团体。“美体小铺（The Body Shop）”就是一个成功的例子，他们用盈利支持环保计划。	妥善运用抽丝剥茧法，清楚陈述论点、解释并举出社会企业精神的实例。在结论段落提出关联性。

⇩

各位先生、女士，我们有许多方式可以反馈社会，透过日益增加的互动与接触，加上本身越来越熟悉众多慈善组织提出的最新计划，我发现了许多造福社会的方式。你也能尽一己之力，毕竟我们是属于社会的一分子（A PART），不是分开的一分子（APART）。（观众大笑）	敦促观众采取行动是非常有力且具爆炸性的演讲结束方式。

注：上述分析仅限内容。非言语沟通部分也同样重要，将于第10章说明。

最后，为努力赢得任何形式的演讲比赛，必定得了解评判标准，才能清楚裁判关注的是哪些要点。下列说明为即席演讲比赛典型的裁判评分表。

演讲布局（30%）	此处需要演讲者利用优秀的演讲架构，让观众易于了解。建议方法为要有吸引人的开头（个人建议以故事形式开场）、主体（运用抽丝剥茧法清楚说明）及难忘的结语（比起单纯总结前述内容，行动呼吁是最佳的结束方式）。
成效（25%）	此处是基于分析的深度来为演讲者评分（意即演讲者如何处理主题：是否切中要点？是否切题？其论点背后的逻辑是否稳固？）。同时，也会基于演讲者的热诚与吸引观众的能力来评分。再度回想一下泰特的4H，若你能坚持此原则，便极有可能在比赛中脱颖而出。

肢体（15%）	比赛也会根据演讲者的整体外型与肢体语言进行评分。关于肢体语言的主题将于第 10 章阐述。重点在于，要注意即席演讲是一门艺术，一场演出，光是内容令人着迷是不够的，非言语沟通也必须有助于交流。
发音（15%）	声音包括：声调、停顿、音高、声量及速度。我的一位指导老师教我："光是拥有宏亮清澈的声音是不够的。你必须能够控制声音，才能达到想要的效果。"更多关于声音变化的部分将于第 10 章阐述。
语言（15%）	此标准涉及所用的句子结构变化及用字的选择安排。获得高分的关键取决于用字与演讲目的的相符程度。最后，正确发音及咬字清楚对演讲者有加分效果。有关语言运用的详细说明，请参考第 11 章。

练　习

选择一个演说类型，自定主题，试着写下演讲稿。

★写完之后试着练习演说。（花费时间：____分____秒）

第 5 章

幽默演讲说话技巧

——让观众捧腹大笑吧

技巧一　控制观众思路，然后出其不意

脱离观众思路预期的常轨，就能够击中笑点。

技巧二　运用三组排比、夸饰及真实生活范例

将事物分为三组表现时，能让观众更加印象深刻。

技巧三　用自嘲幽自己一默

自嘲，可以打破演讲者与观众的距离、建立默契。

技巧四　善用肢体语言、停顿及声音变化

非言语的沟通讯息，会是让演讲更加完美的关键。

技巧五　总是储备笑料

在生活中搜集让你莞尔一笑、捧腹大笑的故事。

技巧六　不要害怕观众没有笑

收不到预期“笑果”时，就继续演讲。

我曾在某处读过一篇文章，与幽默的感染力相关。事实上，幽默比普通感冒或咳嗽传播的任何传染病更具感染力。看到或听到某个人在笑时，你的身体会自然而然地想模仿那个动作，然后跟着一起笑。笑声之所以对所有人大有助益，重点有三：

① **笑能放松脸部肌肉，**让大脑自然释放出内啡肽（作为人体天然止痛药的一种化学物质），增强人体免疫系统。大笑时，你不会感到愤怒、焦虑或沮丧。笑是一种主导情绪，可消除许多你可能拥有的负面情绪或想法。不妨试着回想自己上次何时一边大笑却又同时感到焦虑，根本没这回事。笑声一出现，快乐就随之而来。

② **笑能凝聚人心。**人类心理的运作方式倾向"物以类聚"。换言之，快乐的人容易吸引快乐的人进行交流或互动；同理，悲伤的人也是相同情况。因此，当你脸上露出笑容时，便会投射出一种迷人的内在光芒，吸引他人与你亲近，建立默契，并产生情感联系。此外，幽默日渐受到重视，被视为专业商业交易及社交功能的重要元素，因为幽默是缩短人与人距离的绝佳工具，可以消除无形的社交界线。

③ **笑有助于减压，**帮助个人增强活力，工作更具生产力。精神更专注的话，你也能在最佳状态下完成更多工作。

上述说明解释了为何幽默的演讲者常被认为是最具魅力的演讲者，能够吸引、娱乐并打动观众。你的演说教练或许也提过类似建议："在演说中加入更多幽默元素，你会立刻与观众产生连结。"然而，若你跟六年前的我一样，大概也会惊呼："但是，我并不有趣！要如何当一个幽默的演讲者？"

有多少人认为，你得天生风趣才有办法当个幽默的演讲者？我想，许多人一直都误以为自己若不是班上的开心果，可能就无法发表幽默演讲。但是，重点在于，幽默并非班上开心果或脱口秀喜剧演员独有的特权。

2001年世界演讲冠军拉克洛斯说得很好："幽默是一种过程。"你的确无须生来幽默或天生滑稽，才能当个风趣的人；相反地，幽默是可以学习的。学习幽默是一种过程，你必须不断把握上台机会，磨练自己的幽默演讲技巧。最幽默的演讲其实历经不断的改写（也就是说，幽默演讲是经过多次拟稿与微调，才达到意料中的最佳效果）。

拉克洛斯成为脱口秀喜剧演员的历程，让我深受鼓舞。大学毕业时，他决定投资赛百味（Subway）快餐店，最后以失败告终；接着，他再接再厉，希望成为一名脱口秀喜剧演员。很不幸地，一如他承认，他并不好笑。事实上，他唯一一次勉强引人发笑，还是在告诉父母他想当脱口秀喜剧演员的时候！他的处女秀是在当地的脱口秀俱乐部，他在台上的五十九秒（据他所说）是人生中最漫长的一刻，结果简直惨不忍睹！没错，他最后得以在世界演讲冠军比赛获胜，靠的正是自己的努力坚持，以及指导老师多年的教导，还有自主练习。

同样地，我也算不上是个有趣的人，幽默一直都是我的罩门，许多在国际演讲协会圈子的朋友都可以证明此点。加入国际演讲协会一年后，我跟自己说，我想尝试新事物，我想踏出自我设限的舒适圈，并尝试幽默演讲。在多次润饰改进讲稿时，我征询了协会中许多指导老师的意见；同时，还投资了（真的买了）一堆世界演讲冠军的幽默演讲艺术 DVD。一年后，皇天不负苦心人，2011年，我在新加坡人民协会幽默演讲挑战杯中崭露头角夺冠。该比赛为全国性的幽默演讲竞赛，会上有许多公开演说领域最幽默风趣的优秀演讲者。亲爱的读者朋友，若我能脱胎换骨，从一个幽默演讲领域的输家，摇身一变成为2011年全国幽默演讲比赛冠军，相信你也能成功。

幽默演讲艺术是一门令人愉快、有益身心且充实人心的技艺，绝对值得单独用一整本书仔细研讨与分析。正因如此，在此难以一一顾及幽默演讲必备的致胜技巧。尽管如此，我汇整出了精要的六大重点技巧，以供个人应用并改进幽默演讲，提高下次比赛获胜的机会。同时，本章末也加入了幽默演讲的评判标准，以及一篇个人过去让伙伴欢笑不断的幽默演讲分析。

技巧一 | 控制观众思路，然后出其不意

脱离观众思路预期的常轨，就能够击中笑点。

最近，我与国民役（National Service）的同级好友艾立克有段对话。

艾立克：文杰，下周要后备教召，你准备好了吗？

我：嗯，差不多打包好了，你呢？

艾立克：对，打包完了。对了，你带了哪些必备物品？我想确认一下，以免少带任何东西。

我：嗯，我多带了一套备用制服、野外手电筒，还有……我妈。（笑声）

从上述对话，你观察到什么？我在说明了前两项物品后，立刻来了个大转折。人类思维的运作方式是在心里预先考虑合乎逻辑的下一步，这就是我们所谓的预期或思路。例如，当你问某个人："告诉我，你今天在公园里看到哪些不同种类的花？"你可能希望那人心里想着各个种类的花，而在他脑海里，也可能正想着"绣球花、睡莲、兰花、九重葛"等等答案。

脱离思路预期的常轨，就能击中观众笑点。这需要一个转折，摆脱思维的枷锁，然后让人出乎意料，幽默便随之而来。诀窍在于，引导观众以某种方式思考，或让他们的思路循着预先计划的方式进行，接着，为了引人发笑，你需要一个意想不到的转折，出其不意。幽默可进一步透过声音变化、停顿及肢体语言来加强效果，此点之后在技巧四及第10章会加以详述。

技巧二 | 运用三组排比、夸饰及真实生活范例

将事物分为三组表现时，能让观众更加印象深刻。

"三组排比"之所以有效，在于人类思维偏好三组的事物。当事物以二

组的方式呈现在面前时，我们记忆会更深刻。除此之外，当你想让观众出乎意料时，三组排比有助于制造强烈效果。例如："我的朋友丹非常懒惰，他从不洗自己的杯子、衣服还有身体。"（观众大笑）

使用夸饰可强调演说中的幽默元素。然而，请记住，夸饰也得有限度，重点在于注意使用夸饰的场合。运用夸饰的范例如下："我长太高了，所以乔丹（Michael Jordan）上篮时，只够着我的胸部。"（观众大笑）

运用真实生活范例时，观众必须清楚你的幽默源自的语境。举例来说，若观众不是新加坡人，便不会知道新加坡环球小姐刘依敏（Ris Low）有名或该说是声名狼藉的自创口头禅"Boomz"。"Boomz"这句自创新词指的是令人眼睛一亮或惊叹之意。例如："你的演说获得如雷般的掌声，肯定感觉很Boomz（原文：Your speech garnered so much applause, it must be so Boomz.）"。（观众大笑）

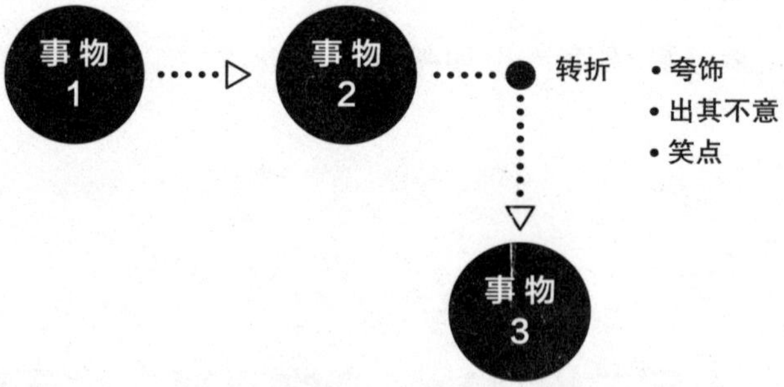

▲图表11：三组范例的铺陈方式

○ 技巧三 | 用自嘲幽自己一默

自嘲，可以打破演讲者与观众的距离、建立默契。

自嘲是另一种让观众开怀大笑的幽默。当演讲者以自嘲幽自己一默，呈现出的形象便是面对观众很自在的人，当下便瓦解了演讲者与观众之间的无形隔阂，并建立起默契。

美国有位知名的喜剧演员便是用自嘲的幽默，拿自己的庞大身型来开玩笑，惹得全场哄堂大笑，爆笑整整持续了三十秒：

“各位先生、女士，我真的太胖了，胖到穿短裤时，看来像是我的屁股正在吃裤子。”（观众大笑）

另一位企业家也在做业务简报时运用自嘲幽默自己：

“大家早，我叫阿拉法特（Aaron Hussein Arafat）。没错，我经常被问说‘你是独裁者吗？’或‘你是恐怖分子吗？’，我可以向各位保证，我绝对和伊拉克的侯赛因（Saddam Hussein）或巴勒斯坦的阿拉法特（Yasser Arafat）毫无关系。”（观众大笑）

○ 技巧四 | 善用肢体语言、停顿及声音变化

非言语的沟通讯息，会是让演讲更加完美的关键。

根据2001年世界演讲冠军拉克洛斯的建议，有时即便是眉毛或嘴角的细微动作都能制造“笑果”或笑料。我初次参加国际演讲协会分会的幽默演讲比赛时，仅勉强让观众笑了三次。三次的笑声当中，有两次并非在我预期的笑点内，一开始我甚至不认为观众突然笑开的那两个笑点有趣，但我欣然接受，毕竟谁不喜欢观众笑呢？

后来，我去问了台下部分观众的意见，了解为何我无预期的两个笑点却把他们逗乐了。同理，当你开始参加幽默演讲比赛，或踏上幽默演讲之路时，搜集观众意见相当重要，如此才知道什么笑料能让人放声大笑。致胜的幽默演讲并非一次写好的，而是经过一写再写。唯有不间断地根据意见反馈微调演讲内容，最终才能产出一篇致胜演说。

请谨记下列一些简单诀窍：

① 停顿

在丢出笑点前，记得先停顿，即便只有一下子也好，才能获得最大“笑果”。

② 肢体表现

视情况需要，增加肢体表现。手势必须夸大、活泼，特别是面对大型观众演讲时更是如此。细微的手势对于小型演讲平台或许足够，但大型场地的观众可能无法察觉。

③ 音量

制造高潮时，音量应该同时渐次加大。声音变化有助于制造悬疑效果，让你更有效地丢出笑料。

○ 技巧五 | 总是储备笑料

在生活中搜集让你莞尔一笑、捧腹大笑的故事。

随时储备笑料，无论你认为多琐碎或无关紧要，记下生活中的所有趣事。好的笑料不仅来自脱口秀喜剧演员。

有趣的笑料可以来自你的个人经验、街头标语、电话内容、新闻报导、阅读材料或幽默演讲比赛等等。

○ 技巧六 | 不要害怕观众没有笑

收不到预期“笑果”时，就继续演讲。

试图让观众发笑却失败时，切莫为此道歉。重复你的笑话或笑料，甚或试图解释笑点，都毫无用处。保留颜面并维持演说节奏的最佳方式就是，继续进入演讲的下一部分，假装刚刚说完的部分其实并未试图搞笑，多练习几次，就能更轻松应付这种情况。

切记，有时候，问题可能不在你身上。观众或许略微受到其他事件影响，而非你出了什么差错。自信地继续演说，不要感到气馁。拉克洛斯也建议，有时你必须放下肩上的重担并说：“别对自己太严苛，有时是观众的问题。”

演讲分析 幽默演讲

各位先生、女士，故事场景是这样的：有三个人来到了由天兵守卫的天国之门，这三人分别是医生、工程师及律师。	以故事或个人经验作为开场，借此立即吸引观众。请注意，使用普通英语进行演说。

⇩

医生走向天兵并说：“我是医生，我负责拯救性命，你能让我进天堂吗？” 天兵看着他回道：“不行。”（观众大笑） 接着，工程师也想试试运气，问道：“我是工程师，我负责建设，改善人们的生活，你能让我进天堂吗？”	使用对话展现故事角色的个性，以突显幽默的元素。

⇩

天兵看着他然后回道：“不行。”（观众大笑）	请注意：此处配合了脸部表情，戏剧性地表现天兵的情绪。

⇩

最后，轮到律师，他说：“我是律师。” 天兵看着他，然后回道：“欢迎光临，律师先生！”（观众大笑）	以三组排比的方式建立思路，然后再以天兵的回应让观众出其不意。（幽默演讲技巧一）

⇩

医生和工程师觉得非常困惑，于是问了天兵：“为何律师进得去天国之门，但我们却不行？” 天兵答道：“我们有太多医生跟工程师了，但只有一位律师。”（观众大笑）	此处为笑点。既便笑点藏在故事结尾，只要运用肢体语言来加强或夸大效果，便可获得更多笑声。

⇩

各位先生、女士，上述情况显然代表了社会大众对律师的普遍看法：律师很惹人厌，俗话说得好，“一天一个苹果，医生远离我。但就算有一百万，你也无法让律师离开。”（观众大笑）	即便并未使用基本的三组排比技巧，运用“对比”的方式可再度突破观众思路。

⇩

这大概就是为何我过去四年都是单身的原因。（观众大笑）	

⇩

在此，我想和大家分享过去三次的约会经验。 还有，容我告诉各位先生、女士，在脸书（Facebook）上对一篇贴文点赞时，你还能自由决定要取消点赞，但是，一旦和约会对象见面后，你便无法视而不见。（观众大笑）	再度使用“对比”。

⇩

我第一次的约会对象是当时国际演讲协会分会的一个女生，当她走进会议室时，我立刻震慑于她的美貌，她非常性感、优雅，而且没戴任何……眼镜。（观众大笑） 我走上前问她：“你来参加国际演讲协会的聚会，对吗？”各位先生、女士，你们发现了我的话问题在哪里吗？新加坡人像我一样，喜欢问一些无谓的问题。	技巧一：运用三组排比。

⇩

早上七点，你在电梯遇到邻居穿着西装，拿着公文包，你问：“上班啊？”这时或许可以调侃地回答：“不是，是去你家。”（观众大笑）	技巧一：构建思路，然后出其不意

⇩

你在高速公路上看到汽车轮胎被刺破，你会问："轮胎被刺破了是吗？"（观众大笑） "不，是其他三颗轮胎肿起来了。"（观众大笑）	技巧一：构建思路，然后出其不意

⇩

看到朋友在校庆彩绘购物车时，你问："欸，在画购物车啊？"（观众大笑） "没有，在帮它上指甲油。"（观众大笑）	技巧一：构建思路，然后出其不意

⇩

刚才说的都是我们常问的一些无谓问题。当然，我没给她留下什么好印象。约会过后，我问她："你玩得开心吗？之后想不想再和我出去？"（观众欢呼）	

⇩

她说："文杰，在你今晚的示范与展演后，现在是我的讲评时间了。"（观众大笑）	技巧一：运用三组排比。

⇩

"文杰，你个性开朗、有热诚，也很有热情，这些都是你的优点，但是正如所有好的约会对象一样，以下是你尚待改进之处。"（观众大笑）	技巧一：运用三组排比。

⇩

各位先生、女士，相信我，她的清单超长，而且还用手写！（观众大笑）她到底如何在约会时找时间列出这么长的清单，我毫无头绪。（观众大笑）	技巧二：运用夸饰

⇩

因此，我第一次约会的下场不太好。第二个约会对象是我在新加坡国立大学晚宴暨舞会之夜遇到的女生。当时台上有三人竞争，我是其中之一。（观众大笑）我之所以入选，是因为有位参赛者没出现。（观众大笑）我是候补。（观众大笑） 当晚的主办单位以很有趣的方式替我们准备名牌，他们并未选择使用“M1”来表示男性参赛者——（Male Contestant 1），而是决定这次要用更具创意的方式来做名牌。（观众大笑）名牌会以女生对象姓氏的开头字母加上“Men”这个字。所以，若你的对象是戴小姐，开头字母为 T，你的名牌就会是“T-Men”。（观众大笑）	

⇩

我当时心想：这方法颇有创意。当晚，第一位男性参赛者走上台，他的约会对象揭晓，是一位夏（Xia）小姐，夏是 X 开头，所以，他是“X-Men（X 战警）”。（观众大笑）	技巧一：构建思路，然后出其不意

⇩

第二位参赛者上台，他的约会对象是安（Ang）小姐，安是 A 开头，所以他是“A-Men（阿们）”。（观众大笑）	技巧一：构建思路，然后出其不意

⇩

然后，轮到我了。我走上台，看到是台上最美丽的女性参赛者，当下简直神魂颠倒。（观众大笑） 我走向她问道：“请问芳名？” “钟（Chiong）小姐。”（观众大笑） “钟是 C 开头。”（观众大笑）	技巧一：构建思路，然后出其不意

"C-Men（水手/精液）。"（观众大笑） 各位先生、女士，所以我的名牌是"C-Men（译注：与英文的水手 seaman 和精液 semen 同音）"。（观众大笑） 结果，我整晚都被称为"水手"。（观众大笑） 当然，我和这位漂亮女孩的约会也以失败告终。（观众大笑）	
⇩	
我第三次和女生约会简直是一场灾难。（观众大笑）	技巧二：运用夸饰
⇩	
她的职业是律师，在餐厅就座时，我问她："能请你帮我拿胡椒吗？" 巧的是那里刚好有两罐胡椒，按常理来说，你应该会问"哪一罐"，对不对？（观众大笑）	
⇩	
她却说："文杰，好的，正如我们所见，两瓶胡椒之间有明显的分野。这种二分法源于两种制程截然不同的农产品历史沿革。现在我要问你一个难题：选择哪罐胡椒？因此，我们现在已然来到典型用'剪刀、石头、布'来决定的时刻。"（观众大笑）	技巧二：运用夸饰。观众可能已经意识到没人说过这句话。但是，因为当中的创意及喜剧价值，他们愿意接受。
⇩	
各位先生、女士，我不过是想请她递给我胡椒，试想若我问她："你过得如何？"（观众大笑）餐厅大概十年都不用关门了。	技巧二：运用夸饰

⇩

因此，各位先生、女士，并非我想保持单身，我只是找不着合适的对象。（观众大笑）	

⇩

所以，若我邀你出去约会，请认真考虑，接受我的邀约。（观众大笑） 比赛主席。	三组排比，并以呼吁采取行动总结。

下列说明为幽默演讲比赛典型的裁判评分表。

演讲布局（15%）	•演讲布局好不好？ •架构是否清楚明了？ •演说中的范例如何支持主要讯息？有一点很重要，幽默演讲与脱口秀的习惯不同，重点不在于讲笑话，或一个接一个地丢出笑料。关键是必须要有观众可从中获益且有有意义的核心讯息。
成效（10%）	•演讲讯息的传达效果如何？ •是否与观众建立默契？是否足以引人入胜？ •在此，泰特的4H相当适用，尤其是论及幽默演讲中的故事时。
演讲价值（15%）	•演说的概念是原创还是完全从网站上复制而来？ •事件的推进顺序是否合乎逻辑？
观众反应（15%）	•观众有多专心聆听演讲？ •演讲者是否获得许多笑声？（笑声数量用于衡量观众的兴致、感受以及与演讲者建立的默契）
肢体（10%）	•肢体动作是否有助于演说素材？请见技巧四。 •演讲者在观众眼中的形象如何？自信吗？

声音（10%）	• 演讲者是否有适时停顿？请见技巧四。 • 演讲者以音量及抑扬顿挫制造的效果及影响如何？
态度（10%）	• 演讲者是否充满热诚？
合宜性（10%）	• 是否符合演说目的？
正确性（5%）	• 文学修辞手法的运用 • 发音及咬字清晰 • 正确使用语法及词汇

练　习

整理本章节的学习笔记，
试着将技巧应用到生活中并记录成效。

练 习

自定主题，试着写下一篇演讲稿。

★写完之后试着练习演说。（花费时间：___ 分 ___ 秒）

练 习

记下生活中搜集到的真实生活范例、笑料。

第 6 章

精通讲评型演讲

——提供建设性的意见

技巧一　讲评明确具体

帮助对方找到自身优点、缺点。

技巧二　愈重要的讯息，愈先讲

考量讲评要点的重要性，分点讲评效果最佳。

技巧三　鼓舞、勉励

对于优点要赞扬，待改进之处则要勉励。

技巧四　可能的话，亲自示范

提出建议的时候，亲自示范能够让对方更容易理解。

技巧五　发挥讲评的创意

如果不想说陈腔滥调，则可以发挥演说的创意。

技巧六　务必记得总结

做了正负评论后，用结语总结，让观众更能记忆重点。

讲评型演讲，适用于任何需要针对特定主题提供建设性意见的场合，但忠言逆耳，如何把话说到点上、说得让人欣然接受，或是如何将赞扬说得动人而不浮夸，都是这章要教导的重点。

国际演讲协会有种特殊类型的演讲比赛，称为“讲评型演讲比赛”。此类比赛的主要目的在于，透过分析与评估测试演讲者的长处及待改进之处，来培养参赛演讲者的批判性思考能力。测试演讲者被指定发表五至七分钟的演说，演讲结束之后，由讲评型演讲比赛参赛者进行评分。

参与讲评型演讲的另一项益处是，学习对他人提供建设性意见的技巧，并在二至三分钟的时间内汇整重点。时间限制主要是为了养成演讲者的习惯，注重用字的效益，并优先考虑更重要的分析点。

除透过讲评型演讲比赛培养上述技能外，善用此两种技巧也是个人在职场蓬勃发展的社交关键。不论是对员工还是同事，我们经常碰到必须针对特定主题提供建设性意见的情况；另外，对于亲朋好友，也常需要在部分议题建议一些可改进之处。这些时候，我们都会用到讲评技巧。

图表12：讲评型演讲的两大面向

那么，我们要如何讲评而不显得过于严苛？如何提供对听者实用的建设性意见？如何确保自己提供的建议可以激励听者努力向上，而非陷入沮丧？

在此提供六大关键技巧，以帮助你成为更优秀的演说讲评人。当你参加讲评型演讲比赛，或遇到需要为同侪提供建设性意见的情况时，这些技巧将大有助益。此外，我在本章末也加入了讲评型演讲评分标准，以及一篇个人在2009年国际演讲协会80区讲评型演讲比赛获胜的演说讲稿。

○ 技巧一 | 讲评明确具体

帮助对方找到自身优点、缺点。

当你针对某人讲评时，不论是论及他们的工作表现、演讲甚至穿着打扮，重点在于评论必须明确具体。提供一般评论毫无价值，对于个人发展的帮助不大。试想，若你询问同事："我的演说如何？"然后他们回答："很好。"你会作何反应？大概会心想："对，这我知道，但好在哪里？"

由此可见，具体说明测试演讲者的优异之处之所以重要，在于你能帮助他更清楚地意识到自身优点。测试演讲者之后便知道该如何迎合观众或必须避免哪些问题，进而适度调整自己后续的演说。更重要的是，测试演讲者将可复制成功的架构，确保未来可以获得更大的成就。

因此，优秀的讲评关键在于明确具体。与其只说"你的演说很棒"，不如说"你的演说很棒，因为当中确实有故事，且传递非常有力的讯息，至今都还在我脑海里回荡，我甚至可以在当下就回想起你的演讲讯息，就是……"。

○ 技巧二 | 愈重要的讯息，愈先讲

考量讲评要点的重要性，分点讲评效果最佳。

最佳的讲评形式并非吹毛求疵地挑剔次要的琐碎细节，而是依大项给予建设性意见。当你必须在特定时限内提供建议时，这一点特别要紧。因此，你得考量讲评要点的重要性，先传达较为重要的看法；若还有额外时间，再处理其他次要的意见。

除此之外，依大项主题讲评，成效较佳。这种讲评方式需要有意识地

整理、归类你的意见，将其归类至特定主题之下后再处理。如此做法有三大好处：

① 省时省力，无须一一处理每条信息，只要做好分类，然后选二至三项代表性的要点即可。

② 提供讲评结构，让听者更容易记住你的建议。

③ 有助于你的形象，让其他人觉得你是个能看见“大局”的人，而非眼光狭隘、过度关注琐碎议题的人。

例如，若你观察到演讲者在演说中使用譬喻、明喻、拟人、头韵及三组排比等手法，你可以将此全都归类于单一大项：文学修辞手法。

○ 技巧三 | 鼓舞、勉励

对于优点要赞扬，待改进之处则要勉励。

➲ 粉饰太平式讲评

英文是white-washing，基本上，这种方式只评演讲者的优点，而且近乎夸大其辞的赞美，例如：“你的演说真是太精彩了，我找不到任何缺点，简直是世上最棒的演讲”，可能常被认为过于虚情假意。

➲ 破坏性批评

即讲评欠缺任何鼓舞或勉励的元素，可能会导致演讲者放弃演说这条路。此种讲评方式有时可能因为太过分而变成人身攻击。

上述两种极端方法，不论是在个人、品格或才能的发展上，都无法帮助听者有所进步，强烈建议切勿采用。中庸之道是提供建设性意见，也是目前的最佳方式。建设性意见具有一定的架构，包含表现优异之处、有待改进之处以及鼓励听者再接再厉的结语评论。

讲评的语气应该要自信十足、专业且鼓舞人心，这与粉饰太平的方法不同。清楚一点很重要，即便是苦口的良药也得裹上一层糖衣，才容易入口、消化及吸收。

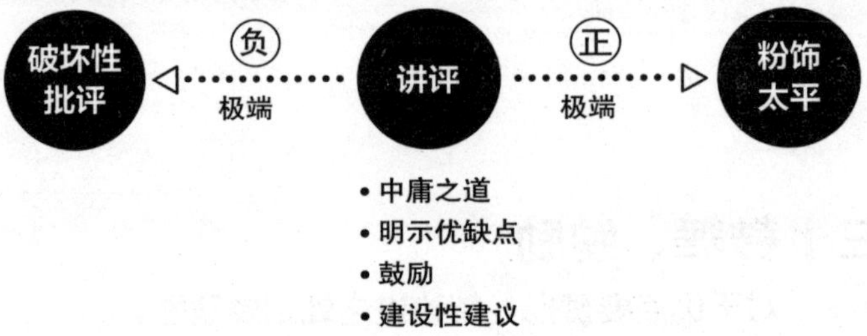

图表13：讲评的方法

2009年初，我初次尝试国际演讲协会初级沟通手册单元四的演讲时，当时的讲评人对我非常严苛。她在演讲结束后对我说的话，我毕生难忘，她一字不差地这么说：“文杰，你没有达到演讲的标准，你的声音变化烂透了！”当时我非常灰心沮丧，后来我和一位指导老师谈到如此苛刻的评语时，她安慰我："文杰，她不是一位好的讲评人。"我回答她："谢谢你安慰我，但你怎么知道她不好呢？"（虽然我已有了既定印象）

我的指导老师："你如何学会跑步？总得先学会走路，对吗？"

我："是的，当然。"

我的指导老师："没错，婴儿学走路时跌倒了，你会说'你烂透了'吗？"

我："当然不会。"

我的指导老师："如果有妈妈跟她的孩子说'你烂透了'，你会如何评论？"

我："差劲的母亲。"

我的指导老师："这下你懂我的意思了。同样道理，说你'烂透了'的那位讲评人并非好的讲评人。你现在的程度才在单元四，正在学习公开演说的技艺，好比蹒跚学步的幼儿。一位优秀的讲评人应该像鼓励孩子的父母，以言语支持勉励，而非打击你的自尊，绝非如此。相信我，把这个挫折抛诸脑后，努力往前迈进，你将会发现自己在公开演说领域站稳脚步，最后振翅高飞。"

我的指导老师很睿智，所言甚是。为他人讲评的最佳方式是使用鼓舞勉励的言语，例如："我相信，若你采纳我的建议，在演讲时大幅放慢速度，并勤于练习，你将会发现自己之后会成为更加自信活跃的演讲者"。讲评时，评述优点及待改进之处时，数量上最好能平均分配。更重要的是，讲评时，为测试演讲者设身处地，让自己考量对方的最佳利益来进行讲评。

一年后，我在部等级的竞赛遇见了同一位严厉的讲评人，我成功地在那场比赛击败她。比赛结束后，她来找我并向我道贺。后来我才发现，她根本没认出我是当初被她评为“声音变化烂透了”的新手演讲者。

○ 技巧四 | 可能的话，亲自示范

提出建议的时候，亲自示范能够让对方更容易理解。

记得多年前，在小学打羽毛球时，每当教练说：“布莱恩，当羽毛球落在你的视线高度，而且距离你站的位置和球网相等时，你应该使用反手拍。”我总是看到学弟布莱恩脸上迷惘的表情。后来，我们整队向教练反映，表示我们是年轻的新手，对于他口头说的改进之处，实在难以在脑海里描绘出画面，因此，他决定亲自示范。教练亲身示范后，一切困惑都迎刃而解。

人类头脑的运作方式时常令人惊喜：大脑处理视觉影像的速度比口语画面更快，这就解释了为何肢体语言的模仿常被誉为建立默契最重要的工具，有时甚至比选择用字更重要。透过形象化，人类大脑更易于解读信息。

因此，在有效讲评的技巧中，重要的是亲自示范你建议听者需要注意之处。举例来说，与其只是口头上说“说明关键重点前，你可以稍作停顿”，不如在陈述“说明关键重点前，你可以稍作停顿”时直接示范。现在，请注意我如何重复你之前在演讲中说过的话：“减肥的最佳方法是〈停顿〉多运动！”

对听者提出建议时，亲自示范相当重要，原因有二：

❶ 让你的意见更易于理解。

❷ 听者会确切明白你的意思，产生误会的风险较小。

○ 技巧五 | 发挥讲评的创意

如果不想说陈腔滥调，则可以发挥演说的创意。

参加讲评型演讲比赛时，重点在于让自己有别于其他七至八位参赛者。你极有可能会重复先前参赛者陈述过的论点，因此，找出让你与众不同的“独门要诀（X-Factor）”至关重要。讲评的创意方法如下：

➲ 讲评时，找一个缩写字

例如：“既然你的讲题关于爱，我就用LOVE这个缩写来替你的演说讲评，L代表逻辑顺序（Logical flow），我喜欢……O是组织架构（Organisational Structure）……V指的是演讲的多样性（Versatility）……最后是E，代表的是有待加强之处（Enhance），我将分享一些可改进的地方，帮你提升与加强已经很优秀的演说”。

➲ 为整体讲评制定一个主题

我曾经必须替一位演讲者讲评，他的题目与食物有关。

我的开场是："约翰，你的演说有如一块烹制美味的多汁牛排，优雅、细致且精心制作。因此，请容我以分析的切肉刀一点一点地剖析，以便我们能充分品味与消化这场迷人的演说。我的结论：约翰，若你能继续保有长处，……，并将考虑我给你的建议，……，相信你的下一场演讲将会是一道五星级料理。"

➲ 与观众互动

讲评时，与观众或至少其中一位观众互动。与其只说"你可以增加一些眼神接触"，不如找出你的奇迹时刻或"独家秘诀"，以更活泼新奇的讲评方式与观众互动。例如："达瑞斯，尽管你的演讲与天空中七彩的彩虹一样令人着迷，却欠缺了一种特定颜色——绿色。你知道谁拿走了吗？派翠莎（指向其中一位观众派翠莎）拿去了，她太羡慕（注：green 另有羡慕、嫉妒之意）你把大部分的目光都放在另一边的观众身上，发了疯似地向你挥手，心里还呐喊着'看我，拜托看我'。"（观众大笑）

其实发挥创意的方式数不胜数，请记得随时带着你的"语料库"，以便记录任何可作为灵感来源的事件，为你下次的演讲比赛提供创新的动力。

图表14：讲评时，发挥创意的方法

○ 技巧六 | 务必记得总结

做了正负评论后，用结语总结，让观众更能记忆重点。

许多参赛者匆忙发表完所有讲评重点（优点及改进之处）后，却忘了适度地总结，或完全忽略结语。正如你从下面评分标准中所见，结论占了总分的百分之十五，因此，一定得记得总结。好的结论应该包含关于优点的主题句，并提供尚待改进之处。好的结论便于听者记忆你分享的重点，这也是讲评型演讲的主要目的。

分析质量（40%）	•讲评触及的深度如何？是否够明确？ •你的分析与其他人的差别在哪里？ •你提出的重点是否有益于增加演说的价值？
建议（30%）	•你的建议是否具有说服力？能否当场执行？ •是否透过示范提出有力的建议？

技巧（15%）	•讲评是否足以鼓舞他人？ •措辞严厉或温和？
结论（15%）	•是否以明确阐述的主题句总结？ •你的结论难忘吗？

演讲分析 讲评型演讲

各位先生、女士，2004年世界演讲冠军哈维（Randy Harvey）曾说过："达到演讲目标，靠的是同侪；但能在演说中投注情感，靠的是精湛技艺。"	此处运用了引人入胜的开场来吸引观众及测试演讲者。引用2004年世界演讲冠军哈维博士的名言为讲评增添威信及说服力。

⇩

恭喜你，亚瑟！你的演说始终如一地展现了如此高超的架构，令我至今看过的许多冠军演讲者的标准都黯然失色！做得好！（观众笑声）	技巧三：鼓舞勉励。此技巧有别于"粉饰太平"，也就是可能听起来像："恭喜你，亚瑟！你的演讲可说是世界第一，毫无瑕疵，太棒了！"

⇩

请容我用3M提供一些评语：重点（Matter）、态度（Manner）及方法（Method）。	技巧五：发挥创意。运用3M来为测试演讲者讲评，可让讲评架构更具连贯性。

⇩

首先是重点，你的演讲内容表达相当中肯，且充分运用实例支持立论，例如："2008 年，约翰结合我分享的即席演讲技巧，并运用在 80 区即席问答比赛，最终获胜"，在说服型演讲典型的抽丝剥茧法（PEEL），运用范例加强演说的说服力。 此外，亚瑟也能充分运用本身的语言能力，以文学修辞手法为演讲添色。举例来说，亚瑟灵活运用头韵来让演讲更为精彩，将revise（修改）与rehearse（彩排）两字押韵并列，以此策略让所欲传达的重点更易于记诵。	技巧一：讲评明确具体。此处用了特定的引言，以吸引观众注意测试演讲者演说中的特定重点。

⇩

不过，最让我印象深刻的是，亚瑟能够以引人入胜的开场白带领我们开始一段冒险，然后逐渐堆叠气氛，最后达到高潮前，分享自己获得 80 区国际演讲比赛冠军的荣耀。表现非常出色！	技巧二：考量讲评重点的先后顺序。评语依重要性依序提出，演讲者以大要的方式讲评，而非细述琐碎问题。

⇩

各位先生、女士，如同所有伟大演讲一般，在此我也想提出一些改进的意见，可供亚瑟往后的演说参考。 首先，可加以改进的是在演讲适当的时间点，像真言一样复述你的演讲讯息——"修改与彩排"。例如，你可以在陈述完每个主要论点后，重复演讲讯息，如此一来，即便观众离开讲堂后，也能一直记得你的演讲讯息。	

⇩

处理完重点后，我想谈一下第二个 M——态度。	

⇩

亚瑟，你的声音变化有如彩虹一般美丽，但少了一种特定颜色。绿色不见了，你知道谁拿走了吗？派翠莎·林（指向其中一位观众派翠莎·林）拿去了（观众大笑），她嫉妒你大多目光都落在左边观众身上，感觉备受冷落，我几乎可以听到她心里在呐喊“看我，亚瑟！看我，亚瑟”！（观众大笑）。	技巧五：发挥创意。
你可以将视线平均分配给左右手边的观众，如此一来，你便能与更多观众建立默契。此次活动的主讲嘉宾克鲁格（Douglas Kruger）有句名言正好强调了上述说明：“演讲的关键在于与观众建立联系！”	

⇩

最后，我想谈第三个M，也就是方法。	

⇩

亚瑟，与其突如其来地简短总结，也许你可以考虑敦促观众采取行动。例如：“各位先生、女士，我们不妨从每次演说前先在镜子前彩排开始着手；不妨由重新练习国际演讲协会初级沟通手册每个单元的演讲着手；我们不妨先从观察优秀演讲者开始着手，不断精进自我”。	技巧四：亲自示范。演讲者亲自示范，以此建议测试演讲者另一种总结方式。

⇩

总体而言，亚瑟，你有许多优点让我印象深刻，像是：①你的说服论证技巧；②运用文学修辞手法的能力；③相当契合叙事型演说的重要特点。加上我提供的建议，如：①在适当时机复诵演讲讯息；②平均分配眼神接触；③更“有料”的结论加上呼吁观众采取行动，相信下次演讲时，你也会有类似的3M经历：一次神奇（Magical）、惊人（Marvelous）且卓越（Magnificent）的演讲。（观众大笑欢呼）	技巧六：务必总结。以主题句清楚陈述测试演讲者的优点与可改进之处来完成总结。

练 习

整理本章节的学习笔记，
试着将技巧应用到生活中并记录成效。

练　习

自定主题，试着写下一篇演讲稿。

★写完之后试着练习演说。（花费时间：____ 分 ____ 秒）

第7章

会说话有助于通过面试

问题一　如何为面试做好准备？
预想面试官可能会问的问题，事先准备答案并勤做练习。

问题二　如何回答“说明自己的弱点”的问题？
除了点出自己的问题，更要提出改进的方法。

问题三　如何用肢体语言展现自信？
自然地运用手势、展现笑容。

问题四　如何应对当下回答不了的问题？
不要强词争辩，坦白承认没有答案，并提供解决方法。

问题五　如何获取第二阶段面试？
自然应对、应对得体、展现自信与热忱。

了解成功面试者的条件，对于你之后的面试至关重要。参加面试可能有各种原因：

① 从一直希望任职的公司寻求理想的工作机会

② 获得奖学金，以资助自己的大学学费

③ 身为荣誉奖项候选人

④ 志愿学校的入学面试

⑤ 由主管评估个人能力的升迁面试

举行面试基本上有两大主要目标：

① 搜集更多关于面试者的信息

② 作为面试者向面试官提出重要问题 / 厘清各种疑问

本章将详述部分面试技巧，以协助面试者克服面试时的恐惧，并帮助他们做好准备，神色自若地进行面谈。本章在格式上将有别于本书其他各章，以问答形式呈现，建立了典型的“一来一往”的问答模式，以独特的方式展现培养良好面试习惯的关键技巧。

❍ 问题一｜如何为面试做好准备？

预想面试官可能会问的问题，事先准备答案并勤做练习。

提问

如何为面试做好最佳准备？

回答

准备面试与准备即席演讲比赛类似，成功面试的关键在于练习、练习、再练习。透过适度的练习，你将能冷静地回答提问，碰到面试问题时，你不会再措手不及。当然，你会想问“我们如何练习呢？”

➲ 重点一：事先准备答案

面试时，有些几乎总是会被提出的例行问题，这些问题经常出现的主因在于：

① 面试官无法从其他来源获得信息，因此需要借由这些问题来搜集关

于面试者的必要信息；

② 面试官希望透过提问，观察面试者的肢体语言，以及测试面试者在短时间内回应问题的能力。

基本上，可说是一种评估。因此，事先准备答案相当实用，届时你便很清楚该如何答题。我常和公开演说工作坊的学员说，“如果因为太过紧张而阻碍了自己（由于缺乏面试技巧的训练），导致面试官无法看见真正的你，那真是非常可惜。”

➲ 重点二：彩排与演练

与朋友先行演练，询问你可能会提及的假设问题。朋友的做法应是假装自己是特定机构的面试官，如此一来，你将知道如何处理可能被问及的问题，并预先准备该如何回应针对你答复可能的反对意见，练习的最佳形式是找人来扮演面试官。

➲ 重点三：准备多种演说架构

心里先准备几种演说架构，如此，才不致于在面对难题时哑口无言。回想一下第4章建议的即席演讲架构。

❍ 问题二 | 如何回答“说明自己的弱点”的问题？

除了点出自己的问题，更要提出改进的方法。

提问

碰到要你“说明自己的弱点”这类型的问题时，该如何回答？

回答

要求你“说明自己弱点”的这类问题，其实是面试官对面试者的测试，主要想观察你能否意识到本身的不足，并知道如何弥补。因此，了解面试官的心态非常重要：面试官很清楚，我们生而为人，每个人都有其不足之处。但是，重点在于，我们如何截长补短，想出解决方法来减少自身弱点的影响。他们希望知道我们究竟会不会努力改进，还是什么都不做。

对面试官而言，你的答案可能会显示出你是哪种人。

① 勿告诉面试官自己毫无缺点，这是大忌，如此只显示出你不切实际，而且好高骛远。

② 描述本身不足之处时，请注意不要花费过多时间叨叨念念自己的缺

点。否则，他们可能会觉得这真的是一个严重问题。

③ 若有的话，避免列举永久性缺点，例如：严重的性格缺陷等。最好提出可透过自身努力解决的弱点，以及性质上不会损害公司整体最佳利益的缺点。例如，别告诉他们你有时会产生偷窃的冲动，但已设法抑制；但是，若因个人完美主义而容易管东管西，这种弱点可以妥善管理，肯定更容易为组织所接受。

④ 记得告诉面试官你采取了哪些步骤来弥补不足。更好的方式是，若你能显示自己采取的步骤有效减少了来自弱点的影响，会让他们更放心。

○ 问题三 | 如何用肢体语言展现自信？

自然地运用手势、展现笑容。

提问

如何以肢体语言展现自信十足的个性？

回答

你可能听说过“与面试官握手时要有力道”的建议。此言不假，但是，另外常常被忽略的一点是，握手时，脸上应该带着真诚的笑容，并与面试官进行眼神接触。

入座的时候，以开放手势就座（可见第 10 章）。而在面试时，若有需要，可自行加点手势，但请适度表达。避免握笔或纸，以免颤抖的手或手指显露出你的紧张情绪。

回答问题时，适度地微笑。国际知名作家朗德丝（Leil Lowndes）在其著作《跟任何人都可以聊得来：巧妙破冰、打进团体核心，想认识谁就认识谁（How to Talk to Anyone: 92 little tricks for big success in relationships）》建议，一个有效而真诚的微笑不宜太快或过于短暂，笑容要明显且缓慢呈现。绽放微笑时，最好缓慢持续动作二至三秒，再露出灿烂笑容。

○ 问题四 | 如何应对当下回答不了的问题？

不要强词争辩，坦白承认没有答案，并提供解决方法。

提问

被问及当下回答不了的难题时，该如何应对？

回答

我记得一句多数辩手都赞同的真言，特别是我的许多伙伴也都如此认为，那就是“说服不了人的话，干脆模糊带过”。通常情况下，我们实在难以抵抗一股巨大诱惑，想用打糊涂仗或丢出烟幕弹的方式来混淆面试官。然而，就读新加坡国立大学法学院两年后，我旋即认识到这句话在碰到困难时不太管用。

面对回答不了的高难度问题时，最好的回应方式就是：坦白承认自己在当下没有答案。不过，你应该补充一点，就是自己回去后愿意找出答案。此外，若能察觉到问题大致的走向，或知道面试官关注的潜在问题为何，不妨直接道出并回答问题。

例如：“谭先生，很抱歉，针对您的问题，我并不清楚前公司年度盈余的详细信息。但是我晓得公司每年都会发布财报，并公开供大众使用，所以网络上应该查得到信息。回去后，我很乐意查询相关信息，并尽快回复您。尽管如此，我设想谭先生的提问可能是希望了解在下对前公司的贡献，因而提出年度盈余的问题，我的贡献在于……”

问题五 | 如何获取第二阶段面试？

自然应对、应对得体、展现自信与热忱。

提问

是否还有其他秘技有助于我提高下次面试的机会？

回答

轻松享受面试过程。深受焦虑困扰的紧张身体会导致大脑无法良好运作及反应，最终可能传达了错误的印象。

可能的话，尽量思索你能为组织带来贡献的方式，而非只是问公司能为你做些什么。面试官喜欢听到你加入公司后对公司有何益处。面试时，借机为自己增加优势。

面试时，衣着得体。可能的话，致电该公司与内部职员确认面试时的服仪规定。无法确认的话，最万全的方式就是，穿着正式服装去参加工作面试。

练 习

请准备约1分半钟的自我介绍讲稿。

★写完之后试着练习演说。（花费时间：____分____秒）

练　习

事先准备以下问题的答案。

1. 为什么会想要从事这项工作？为什么想要应聘这个职位？

2. 为什么选择我们公司？

3. 为什么离开前一份工作？

4. 你可以为公司带来什么帮助？为什么我们要录用你？

5. 请分享你曾经做过的印象最深刻、对你帮助最大的三件事。

练 习

试着列出面试官可能会询问的问题，并准备答案。

第 8 章

掌握全场的司仪主持心法

问题一　是否需要一字不漏地背诵讲稿？
不用一字不漏地背诵，记忆重点流程，善用提词小卡。

问题二　在台上说错话了，怎么办？
妥善且自然地应对，该道歉就道歉。

问题三　如何处理突发状况？
随机应变，协助活动顺利进行。

问题四　手持麦克风和夹式麦克风，哪个比较好？
各有优缺点，依场合选择设备。

问题五　如何控制观众，但又不会冒犯他们？
避免“命令性语气”，善用礼貌性的词汇。

小至朋友聚会、简报会议，大至公司年会、颁奖典礼，每个场合都需要一个掌控全场、调配流程的人，也就是“司仪”。司仪的工作看似繁琐，但只要当好司仪，有时候可以获得更多的回馈。

在本书先前几章，我曾分享自己从中学二年级开始担任司仪的经历。后来几年，我获得许多机会，主持了各种不同性质的活动，正式活动包括颁奖典礼或慈善计划的正式发表会；以及非正式活动，像是生日宴会、婚宴及感恩餐会等等。

印象最深刻的一次主持活动，就是2009年花旗银行与基督教青年会在南洋初级学院（Nanyang Junior College）举办的青年创意培力计划（Youth-for-Causes）颁奖典礼。当时的新加坡总统纳丹阁下（Sir Nathan）担任典礼的荣誉嘉宾，活动结束后，纳丹阁下走向我并称赞道：“英文说得很好，在哪里受训的？你当司仪主持得很棒。”我们还合影留念。

我非常感激许多机构给予我机会，让我担任他们重要活动的司仪。正因拥有如此多的曝光机会，我才得以一路学习成长。我汇总了五大学习要点，可供你运用并提升下次的司仪主持表现。

本章内容节录自我最近举办的司仪主持技巧工作坊，因此也将采用问答形式。工作坊学员提出了许多不错的问题，我认为可以有效总结为五大学习要点，并以适宜的形式进行介绍。

○ 问题一 | 是否需要一字不漏地背诵讲稿？

不用一字不漏地背诵，记忆重点流程，善用提词小卡。

提问

司仪讲稿是否需要一字不漏地背诵？我不希望忘记重要事项，但念稿似乎不太专业？请问您的建议是什么。

回答

不，你无须一字不漏地背诵司仪讲稿。事实上，你也不该这么做。这种工作方式太过艰辛，特别是颁奖典礼的司仪讲稿常有冗长的名单，举例来说，教育储蓄优异助学金颁奖典礼（Edusave Bursary Awards Ceremony）就是如此。

我理解你的担忧，拿着A4大小的讲稿看来似乎不太专业，建议你准备小张的提字卡，大约是巴掌大小，偶作参考之用。如此一来，你的肢体语言会更明显，在台上也会显得更专业。更重要的一点是，准备小张提字卡并非要你逐字念稿，仅用于偶尔参考。作为司仪，与观众建立眼神接触相当重要。

当然，如果时间允许的话，记住讲稿中需要念出的重要人物姓名会更好，像是特别来宾及演讲者。

○ 问题二 | 在台上说错话了，怎么办？

妥善且自然地应对，该道歉就道歉。

提问

在台上说错话该怎么办？我应该如何处理？

回答

你可能得先厘清自己“错”的程度以及错误有多明显。若只是语法错误或漏了一句词没说，但不影响你想传达的整体讯息，不妨继续主持。

然而，若是重大错误，像是念错特别来宾的名字，可不能假装没事继续，如此会显得你不够专业。甚至更糟的是，可能会造成贵宾及来宾不必要的尴尬，更别说对特别来宾本人了。

因此，得体的处理方式是先道歉，直接说“非常抱歉”或“请容我致歉”，然后修正讯息。例如：“让我们邀请今天的特别来宾——罗文杰先生，非常抱歉，各位先生、女士，欢迎戴文杰先生”。

○ 问题三 | 如何处理突发状况？

随机应变，协助活动顺利进行。

提问

如何补救不照计划进行的情况？或者，若出现意外情况，该怎么办？你如何当场迅速思考应变？

回答

活动当天可能会发生各式各样的小差错或失误，我难以帮你预想所有可能的应对方式。不过，经验会引导你找出可能解决问题的最佳方案，来化解异常情况造成的负面后果。

了解一件事或许有所帮助，就是意外事件发生时，例如：受奖人在舞台上昏倒，观众并不会注意你在控场时说了什么；反之，大家的注意力会聚集在昏倒的受奖人身上，如同前述的例子一样。

作为司仪，你的工作与任何观众或台上人员相同，就是去处理问题（以受奖人昏倒的例子来说，适当的处理方式就是寻求医疗协助，或请台上人员协助将昏倒的受奖人扶至一旁安全舒适的位置）。之后，你的工作就是尽全力恢复中断的活动，让节目继续顺利进行。

○ 问题四 | 手持麦克风和夹式麦克风，哪个比较好？

各有优缺点，依场合选择设备。

提问

要如何选择使用手持麦克风，还是夹式麦克风？

回答

这是学员经常询问的常见问题。两种麦克风其实各有利弊，基本上取决于主持的场合或活动。手持麦克风较适用于未提供讲桌或讲台的主持活动，也很适合需要与台上贵宾或台下观众互动的节目，台上来宾说话时，可把麦克风交给他们，台下观众也能轻易地传递麦克风。

然而，紧张不安时，手持麦克风也是会打击自信的无声帮凶。当你的手颤抖时，尽管只有些许幅度，麦克风也会随之颤抖，原本不明显的动作会因此放大，被观众看见。这也是其中一种最容易导致台下窃窃私语的状况。

夹式麦克风较适用于无须交付麦克风给其他人的场合，同时也很适合需要运用许多手势或实地操作的主持活动。

○ 问题五 | 如何控制观众，但又不会冒犯他们？

避免“命令性语气”，善用礼貌性的词汇。

提问

如何不加冒犯地进行观众控制？有时观众会反映，我在台上司仪主持的语气太像“命令”，因此激怒了他们。

回答

有些词汇及用语听来自然悦耳，几乎总是能让观众听从你的司仪指示。下列为可考虑使用的方式：

➲ 使用“邀请”

“邀请”二字可以修饰原本听来既讨人厌又尖锐的命令，听来令人较为愉快。与其说“前排观众可以往后移动一排吗”，不妨说“能否邀请前排观众往后移一排”；或者，你也可以说“我想邀请前排观众往后移动一排”。

➲ 在每个请求前加上“请”字

例如：与其说“站到旁边”，不妨说“请站到旁边”。

➲ 使用“我们”

用“我们”来表明大家属于同一个群体，而不使用“你”或“你们”这类词语。观众会更愿意接受作为一个团体的请求，而不是区分你与他们。

第 9 章

演讲的视觉辅助

问题一　做简报时最常犯的错误？
简报是辅助，而非主角，切勿看着投影片念稿。

问题二　简报理想的编排或设计为何？
列条重点、主题句、文字与图片灵活搭配。

问题三　“转场”对于简报来说，重要吗？
不要使用突兀的转场效果，善用言语、主题句带领观众。

问题四　投影片是否应该一次显示所有要点？
可善用“停顿”，将重点逐步按照演说步调呈现。

问题五　如何确保做简报途中不会发生意外状况？
你无法百分之一百保证，只能准备备案、彩排。

许多演讲者会以简报搭配演说，但简报只是辅助，重点还是在演说的内容，要掌握好运用的比例，不要让辅助的工具喧宾夺主，成为演说的主角。

随着科技进步，如今我们不再需要仅仅仰赖口语及非言语沟通，可以将声音、图片及文字加入视觉简报当中。PowerPoint程序是至今最广为使用的简报软件，常被誉为专业人士及学生最爱用的简报辅助工具。

然而，多年来，我们过于依赖简报软件，以致于逐渐忽视使用非言语沟通技巧的需要，如停顿、声音变化及手势等。简报软件不能也不该取代演讲者的表现。若能善用软件简报，将可助你一臂之力，帮你完成下一笔交易，或保证你的学校报告取得亮眼的成绩。

我过去在校园、企业组织及国际演讲协会培训工坊举办过多场工作坊，因此搜集、合并并汇总出五大关键学习要点，以供阅读运用，让你的下一场简报大获成功。类似于前两章，为促进专业演说（如PowerPoint简报）学习要点的创意吸收，本章同样采用问答形式。

❍ 问题一 | 做简报时最常犯的错误？

简报是辅助，而非主角，切勿看着投影片念稿。

提问

进行软件简报时，犯的最大错误是什么？该如何改进并避免？

回答

许多学员在工作坊进行软件简报时，最常见的错误就是逐字逐句照念准备的投影片。简报软件不应取代你的肢体语言与眼神接触。如果你直接念投影片，观众干脆直接在家读投影片就行了，用不着百忙之中抽空来看你念投影片。关键就在于不要照念投影片。

简报软件应该是一种辅助工具，让你可详细说明荧幕上显示的要点。进行解说时，面对观众，并与他们建立眼神接触。你可运用各种技巧把观众的目光引导至希望的方向。

➲ 技巧一：镜像技巧

你可以看向希望观众观看的物件。回想一下魔术师如何刻意盯着一个物件，借此转移观众注意力，影响观众顺着魔术师的目光看向物件；同时，魔术师又神不知鬼不觉地偷偷将另一个物件放进手里，完成魔术的惯例手法。

同样地，若你希望观众看向特定物件或特定一张投影片，自己先看向那个物件或投影片，观众自然而然就会跟着照做。完成后，记得与观众建立眼神接触，你不会希望观众直盯着你先前看的物件。

➲ 技巧二：善用连接词

使用连接词将观众的注意力带往希望的方向。例如，若想让观众看着荧幕投影片的第二段，请说“各位先生、女士，现在我想请各位注意一下（用食指顺着指向目标段落）荧幕投影片的第二段”。希望他们收回目光时，可以说“现在请看这里，各位先生、女士”，然后继续做简报。

○ 问题二 | 简报理想的编排或设计为何？

列条重点、主题句、文字与图片灵活搭配。

提问

软件简报理想的编排或设计为何？

回答

软件简报不应有太多文字，我建议使用条列式要点，且荧幕显示的要点仅有主题句，可以稍后再做解释。

简报内也不该只有图片。你必须均匀分配文字与图片的数量。

使用适合观众的文字大小与字型。重点在于考量报告会场的大小及观众的年龄层。

○ 问题三 |“转场”对于简报来说，重要吗？

不要使用突兀的转场效果，善用言语、主题句带领观众。

提问

转场对于软件简报重要吗？

回答

我们如何有效地从一个重点进入另一个重点？问得非常好！虽然简报软件内含华丽的配置及音效作为转场，但是顺畅地切换重点仍旧相当重要，以免观众感觉太过突兀。以下为帮助你做简报时顺利转场的小诀窍：

① 使用指标词为演说建立架构。指标词可为观众适当提供每个重点的摘要。

② 使用转折语句，如连接词或合适的用语："说完第一点后，现在我想进入第二点"或"接着；因此；尽管如此；即便如此"等。

○ 问题四 | 投影片是否应该一次显示所有要点？

可善用"停顿"，将重点逐步按照演说步调呈现。

提问

每张投影片是否应该一次显示所有要点/主题句？

回答

回想一下为观众制造悬疑效果时，使用停顿的成效。缓慢释放信息也有相同效果，犹如视觉上的停顿。诀窍在于排列好重点，只有按了播放才会显示。如此一来，不论是要制造悬念、丢出笑料或"爆炸性"地结束简报，完全由你一手掌控。

○ 问题五 | 如何确保做简报途中不会发生意外状况？

你无法百分之一百保证，只能准备备案、彩排。

提问

如何确保自己能够处理简报途中可能发生的意外情况？

回答

不论是何种科技装置，都无法保证是百分之一百万无一失。

因此，作为一位能力俱足的简报者，我们必须准备应变方案，例如：准备另一组简报资料（含纸本与电子档）。然而，当所有方法都不管用时，千万不要惊慌；而且，届时你必须在没有任何视觉辅助的情况下，自己进行简报。

最保险的方法或备案就是彩排、彩排与再彩排！唯有经过多次演练，你才能熟记简报的顺序、措辞与笑料；此外，练习还有助于你掌握内容，万一做简报途中有人举手发问，便能轻松解决问题。

练　习

整理第8—9章的学习笔记，
试着将技巧应用到生活中并记录成效。

练　习

选择几个会碰到的主持或简报的情境，
试着写下讲稿。

第 10 章

非语言沟通关键技巧

技巧一　肢体语言

运用手势，可将讯息强有力地传达给观众知晓。

技巧二　面部表情

运用表情、眉毛的动作，表示不同情感。

技巧三　眼神接触

和观众进行眼神接触，建立连结。

技巧四　舞台定位

善用舞台的空间位置。

技巧五　声音语调的变化

运用声音变化，强调讯息、吸引注意。

无论是在一大群观众前，或是只有两位面试官前，非言语沟通在发表谈话时都扮演了重要角色，可以传达出个人特质及谈话当下的情绪。

非言语沟通有时比言语沟通更重要，这么说其实并不为过。做口头报告时，观众对于非语言线索的反应，比接收口语指令更快。人类大脑潜意识里会模仿肢体运动及行为，比我们接收及分析口语传达的文字还迅速。非言语沟通主要涵盖以下项目：

肢体语言（手势）

面部表情

眼神接触

舞台定位

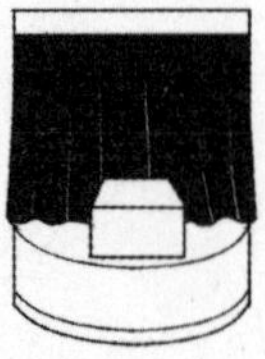

声音变化

停顿

为清楚说明，我重现了2012年1月举办的中学生肢体语言工作坊的片段。

摘录片段

各位先生、女士，我想进行一个小实验，借此向你证明我的论点。现在，请各位仔细听从我的指令。首先，我想邀请在场各位举起你的右手，愈高愈好；现在，像我一样握紧拳头，伸出食指。大家都做到了吗？

如果不听我的指示，你们就别想有茶叙休息时间。（观众大笑）

现在，我会给出一个指令，你们必须尽快达成，大家都准备好了吗？现在，仔细听指令，并看着我。

现在把食指放到下巴上！（演讲者却把食指放到脸颊上）

别动！保持你现在的动作！（观众大笑）

各位先生、女士，请看看身旁四周，我的指令是要你们把食指放在下巴，但是，几乎每个人都把食指放在脸颊上了。（观众环顾四周，接着大笑）

各位先生、女士，这个实验证实的结果相当强而有力，基于九位志愿教师迅速的计算，五百名参加者当中，有四百五十人把食指放在脸颊上。现在，结果证明了我的观点，人类大脑在有意识地听见、解读及执行传达的话之前，会先潜意识地仿照演讲者的肢体语言。（观众大笑欢呼）

既然非言语沟通对于公开演说的成败至关重要，我们该如何改进，让自己成为更优秀的沟通者？有哪些关键技巧可以帮助我们大幅提升能力？本章纳入了几项关键技巧，将有助于针对上述六大层面加强你的非言语沟通表现。由于之前在第3章中，已经探讨分析过第六点的“停顿”了，因此本章将不重复讨论。

为了协助你深入学习，注意以下两点非常重要：

① 投资购买一台录像机，并摄录自己排练演说或简报的情况。你将能借此观察自己的肢体语言，并与同侪或指导老师讨论需要改进之处。

② 持之以恒，尽可能抽出时间多次练习下列说明的技巧。正如拉克洛斯所言，重点在于尽量把握上台机会，才能做出最精彩的演说。除此之外，多阅读相关书籍或研究期刊，找更多方法来丰富自己的肢体语言。综合各家作者的力量绝对比单凭一人之力还有效。

○ 技巧一 | 肢体语言

运用手势，可将讯息强有力地传达给观众知晓。

正如前述说明，手势是非言语沟通中最重要的部分。手势运用得体，将帮助你更清楚有力地传达演讲讯息给观众；运用不当的话，可能会使演出脱轨，让演讲讯息偏离原本预计的方向，甚至更糟的是，造成观众极度不适。以下为可用来改善个人手势的四大关键技巧。

➲ 使用开放手势

开放手势是将你的身体毫无阻碍地面对观众。面对观众的意思是，你的头部、躯干和脚部都面向观众，就是所谓的“身体正列（body alignment）”。如果你的头朝向观众，但身体不是，可能会向观众传达出一个讯息——你并不想站上台，而且迫不及待想离开。因此，你的头、躯干及脚部，身体的三个部位全都一定要面对观众。

下一步，毫无阻碍的意思是，你的手臂不应在胸前交叠或抱胸。若演讲者手臂在胸前交叉，会制造出人为障碍，让自己与观众产生距离。

保持开放的手势

和观众产生距离

➲ 手势稳健不“瞬息万变”

有用的手势不应是手臂和双手不协调的随意摆动；反之，应该是精心设计用来强调重点的动作。所谓“瞬息万变”的手势，指的是短暂且变化快速的动作，观众可能会将瞬间变换的手势解读成虚伪或准备不足的演说。

关键在于，手势要稳健且精心设计。事先计划准备使用的手势，实际执行时，必须坚定，不要三心二意。至于手势应该多稳健，则取决于应用的场合。

➲ 用精心设计的手势辅助演说内容

下列为经过试验与测试证明的手势，可有效地强调重点，让演说更具影响力，但并非一应俱全的方式。

数字手势

在列举重点或口头计数时，最好同时运用手指，如此可便于观众注意你条列项目或进行计算。

摊掌手势

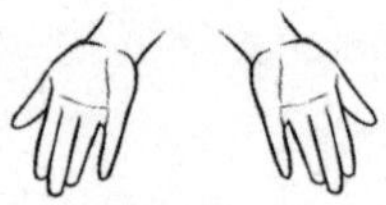

若想对观众表现出迷人、有魅力的形象，伸出双手，手掌朝上。若你有个提议，且希望邀请观众加入，应该运用这个手势（如：说服型演说）。

循环手势

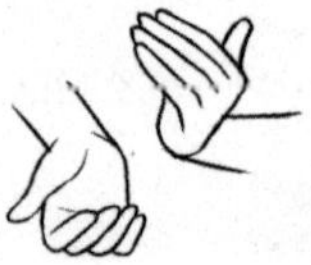

双手往内及往上移动。这个手势可有效强化你的影响地位，有助于传达对你有利的形象，让人觉得你是值得信赖且可靠的人。

模仿手势

这个手势需要你扮演一个角色，并根据你的故事角色呈现人物性格。举例来说，若你扮演的是拳击冠军洛基（Rocky），那么你就必须使用拳击的防守动作，来展演角色的个性。

指点手势

当你希望强调某个重点时，可使用此手势。许多政治人物利用这个手势（手指指向下方或讲台／讲桌）来强调重点，同时展现权威。

➲ 利用镜像技巧来建立默契

身处社交场合时，若想试图与他人建立默契，镜像技巧特别管用。人类思维将类似行为解读为无威胁性及友好的表示。潜意识里，我们倾向于与同类聚在一起。因此，模仿朋友或聚会宾客的肢体语言可能有助于进一步建立默契。不过，请小心注意，切勿表现得太过明显或生硬，否则，另一方可能会觉得你行为怪异或失礼。

○ 技巧二 | 面部表情

运用表情、眉毛的动作，表示不同情感。

在你看来，人的脸上最重要的面部特征是什么？是眼睛、鼻子、耳朵还是嘴巴？上述答案似乎都颇为合理，但是，这些都并非正确答案。我们最重要的脸部特征是：眉毛！

根据研究显示，若从人脸上移除眉毛，那么我们几乎无法解读一个人所流露的情绪。例如，一个人究竟是悲伤、快乐、愤怒或恐惧，将难以辨别。你可以在家做个小实验，拿一张A4大小的纸板，请别人帮忙盖住你的眉毛，然后对着镜子试图做出前述四种情绪的表情，你绝对会讶异于自己的发现。

因此，既然眉毛是脸上最重要的特征，当你表达不同情绪时，应该特别注意眉毛的动作以及其他脸部特征。敏锐的觉察力将对你有所帮助，特别是当你进入更高程度的面部表情阶段，即便是细微动作也能显现情绪变化。

说到实用的面部表情，应注意两大重点：

➲ 尽可能面带笑容

微笑永远是消除观众紧张的最佳良方。透过脸上流露的笑容，可立即消除沟通的隔阂，迅速与观众建立默契，你会显得更平易近人、和蔼可亲。展现美好笑容的诀窍在于，延迟“微笑”一至两秒，当你绽放笑容时，一定要非常灿烂。

➲ 丰富的面部表情

若你担心自己面无表情，可以请求亲朋好友协助，请他们针对你的脸部表情提出建议。实际上台前，先自己进行暖身。脸部肌肉热身方式如下：

① 尽可能地张大嘴巴，然后慢慢合上。重复十次。

② 以较快的速度先挑眉，再皱眉。

③ 以圆周运动持续按摩脸颊肌肉一分钟。

❍ 技巧三 | 眼神接触

和观众进行眼神接触，建立连结。

有句名言说得好，“眼睛是心灵之窗”。这句真言所言甚是，当中道理也正好呼应了每位成功的公众演说家的思维。与观众建立眼神接触有助于你与他们产生联系，让你更有效地传达讯息。另一方面，若演讲者多半在念稿，观众会感觉被疏离，仿佛演讲者是对着手中的笔记说话！

多年来为学校及企业组织举办公开演说工作坊的经验，我接收了许多问题，都是关于与观众建立眼神接触的技巧。当中，有个问题时常出现：若是对着一两百人的大型观众演讲，该如何维持眼神接触？下列为四大基本技巧，在你下次演说时，将有助于改善与观众的目光接触。

➲ 一次看一个人

部分演讲者的问题是，不确定眼睛该注视哪里。最后，他们大多是看向空旷处，或飞快地看某些观众一眼。秘诀在于，当你以目光扫视台下时，一次看一个人。将目光锁定在特定观众身上时，你能看见观众的反应，让你充分了解与观众的连结强度。其他观众则会将你视为一名有自信的演讲者，有能力与观众建立眼神接触，既便对象不是他们。其他观众心里会有预期，若你要与他们进行眼神接触，也会如同他们所观察到的那般坚定。

➲ 使用三点视线法

若是大型群众演说，你很可能无法与现场的每个人建立眼神接触。因此，建议采用三点视线法。在观众席中设下三个点，绘制一个想象中的三角形。发表演说时，盯着这三个点，以顺时针方向规律地轮流注视这三点。如此，将会制造出一种印象，感觉像你在对每个观众说话。三角形之内与之外的观众都会感觉受到注视。更好的办法是，请三位朋友坐在想象中的三点位置。演说中，注视着点头同意自己的朋友，会让你更轻松自然。

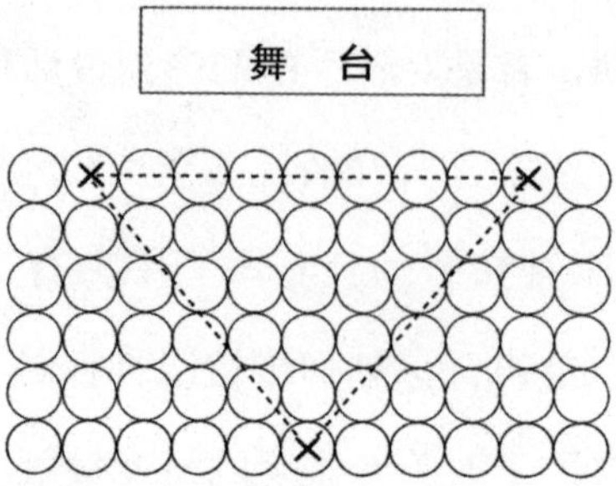

➲ 运用三秒黄金定律

注视着一位观众时，应该持续多久？黄金定律为三秒。如此，你进行的眼神接触不会被认为是匆匆一瞥（过短）或太凶狠压迫（过长）。

➲ 注视想象中的观众排

若你才刚开始从事公开演说，害怕注视其他人的眼睛，另外的诀窍是注视想象中的观众排，一边看着他们一边说话。

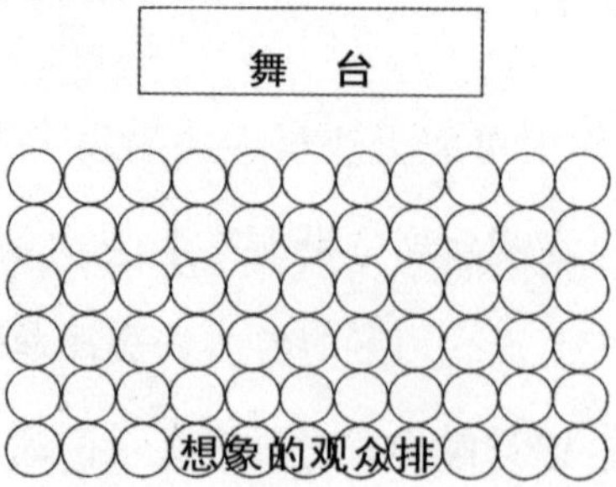

至于想象中的观众排该在哪里，最理想的位置是最后一排后面。借由这种方式，前面的观众（包括最后一排；我没在开玩笑！）会产生视觉印象，认为你是自信十足的演讲者，并且努力吸引他们身后的人（即便他们不晓得后面的观众是谁）。

○ 技巧四 | 舞台定位

善用舞台的空间位置。

哪位演讲者会让你印象较深刻：一个从头到尾都站在舞台一方的演讲者？还是能充分运用舞台空间，发挥最大效果的演讲者？显而易见，答案是后者。为何舞台定位如此重要的原因如下：

① 演讲者站在不同的舞台位置陈述重点时，可更有效地贯串演讲讯息。

② 可展现舞台自信：通常，演讲者若把自己局限在舒适圈，而不敢大胆向另一端的观众散播热诚，在观众眼中，评价较为负面。

③ 可消除紧张：演讲者在台上移动时，有助于掩饰手指的轻微颤抖，并帮助热身，随后演说会显得更沉着自信。

下列为加强舞台定位的三种方式：

➲ 方式一：每次分享不同故事时，使用不同的舞台位置

每次分享不同故事时，站在不同的舞台位置，观众可将你在台上的定位与故事联结，因而更容易记住演讲讯息。进行摘要或总结时，效果会更放大。总结故事或关键点时，回到你为各个故事划分的舞台位置，观众在心中标示出你站立的位置的同时，将可记住你的演讲讯息及故事。想了解何谓出色的舞台定位，可上网观赏2004年世界演讲冠军哈维博士（Randy Harvey）的获胜演说。他是一位舞台定位大师。

➲ 方式二：向前往舞台前方迈出一步，特别是向观众进行呼吁时

试图呼吁观众采取特定行动时，往舞台前方，向前迈出一步。提出诉求的讯息时，像是“希望各位现在开始健康饮食”，缩短演讲者与观众身体距离的动作可加以强化讯息的说服力。

➲ 方式三：将自己定位在舞台中央（中立位置），视适当情况左右移动

开始发表演说时，你所站的中立位置应该是舞台中央；可能的话，略为朝向前方。演说时，若你未根据故事分配相应的舞台定位（或若你没有故事或有好几个演讲讯息），试着在适当时机左右移动。所谓的左右移动，意思是从舞台中央移动至舞台左方，以接触左边观众；接着，移动至舞台右方接触右边观众。如此一来，你将能与最多观众接触。

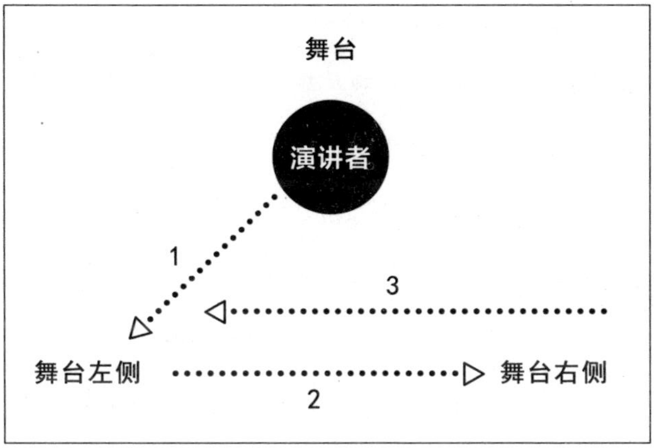

图表15：舞台定位与移动方式

○ 技巧五 | 声音语调的变化

运用声音变化，强调讯息、吸引注意。

2011年，我有幸接受2009年世界演讲冠军杭特（Mark Hunter）指导，他是我至今遇过的数一数二的优秀的激励型演说家，非常有舞台魅力。杭特超越自己的身体障碍（他得仰赖轮椅行动），自逆境崛起，表现得比任何对手都还要杰出。

我在他面前进行了国际备稿演讲，之后杭特要我坐下，并说："文杰，你是一位才华洋溢的演讲者，但是，你可以表现得比现在更棒，想知道如何才能做到吗？"

我：当然想。我很乐意向您这样的世界冠军学习提升自我的方式。

杭特：你的肢体语言、眼神接触及舞台定位都很棒，选题、反诘问题及用字都很出色。然而，你得掌握声音变化的技巧，才能突破自我。

我：杭特，我该如何改善呢？

杭特：你必须善用音量及语速来突显演说中的重要部分，而非仅仅仰赖并过度使用其他非言语沟通技巧，像是肢体语言及眼神接触。

杭特的教导让我获益良多，在此与各位分享一些对我非常实用的学习重点，我归纳为四大主要技巧：

➲ 技巧一：音量调整

说话大声清晰是一般的基本原则，特别是当你在大型空间里对大群观众说话时更是如此。然而，一直高声说话并不恰当，因为观众缺乏明确的分野，无法察觉你是用声音在强调重点。

一般来说，若想强调某个重点，你应该在陈述前稍作停顿。为了善用你的音量控制机制，第一次说出重点时，应该大声清晰；然后，再复诵一次。这一次，速度放慢且音量放小。如此创造的效果可对观众传达讯息，让他们知道你正在阐述一个非常重要的观点，需要更专注聆听。另一种方式是，若因时间限制无法复诵重点，你可以用较低的音量来强调你的重要论点。

另一种情况，你可以利用音量控制机制来制造悬疑效果，在演讲中试图制造紧张气氛时，你可以随之加大音量，在叙事情节达到高潮前，逐渐增强音量。效果相当于看动作片，你可透过音量调整来达到效果，千万别低估这个技巧。

➲ 技巧二：语速控制

我曾因为说话速度太快而历经惨痛经验。身为一位辩手，我有个恶习，亦即习惯压缩我方答辩的所有要点，在五至七分钟内反复陈述。比起正常一秒三个字的语速，我的说话速度可能快上两倍。

若你跟我一样有语速太快的问题，以下为两种控制语速的方式：

① 以散文形式誊写出讲稿，帮助自己恰当掌控时间。

② 语速过快时，请某个坐在观众席中的人举起写着“放慢速度”的卡片。你的朋友会是最佳人选，特别是他们会与观众坐在一起，从其位置上更容易判断情况。

为了获得特定效果而想调整语速，请注意下列事项：

① 若想强调某个重点，应该大幅放慢语速，如此观众才听得清楚每一个字。

② 若想说明特定观点（像是1999年世界演讲冠军华伦泰想说明现如今步调快速的生活形态），你可以为了制造效果，说话刻意加速。

➲ 技巧三：质量检验

首先，您可以在演讲的不同时间点，利用声音反映情感状态，让演说更生动。这不意味着你得过于戏剧化，而是适当处理，有助于你的故事角色更加栩栩如生。

其次，为了避免观众听来乏味单调，你可能可以编排及演练演讲中想加重强调的词汇。加重强调特定词汇的位置非常重要，因为这会改变句子的意义、音调及情绪，因而影响你的演讲讯息。自行尝试实验看看，找出各种变化与影响。一定要将讲稿全部誊写出来，才能进行实验。

例如：

- 如何**吸引、娱乐与打动**任何观众
  - ⇨ 重点强调会聚焦在效果（意即**吸引、娱乐与打动观众**的效果）
- 如何吸引、娱乐与打动**任何观众**
  - ⇨ 焦点缩小集中至令观众（**任何特定类型**）着迷

两者期望的效果与影响有些许出入，演讲者必须根据自己的最终目的来选择。

➲ 技巧四：音高

一般来说，若想表达严肃或认真的讯息，那么适合使用较低的音调来传达。若不确定是什么性质的场合，最安全的方式就是采取较宜人的音域：低音。通常不建议音高过高，除非用于讲述故事剧情。

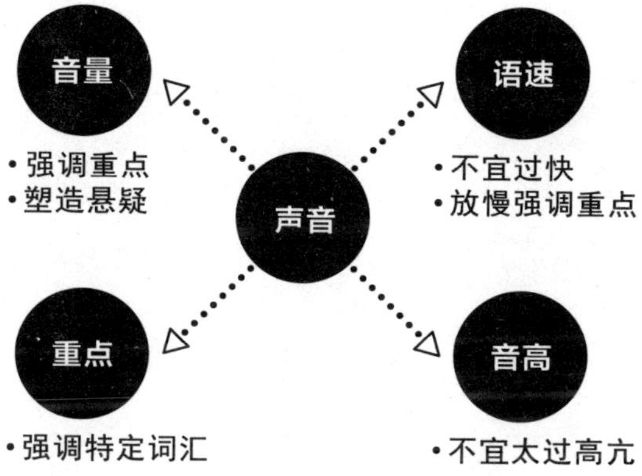

图表16：演说声音的注意事项

重点注意：经过普遍证明，百分之七十的沟通交流是透过非言语元素：不论是用手指点方向、双手抱胸、提高句子最后一字的语调或发出低沉的声音等，都会释放讯号，可能有助于建立良好联系，或破坏融洽关系——不尊重、心胸狭窄或影响认同，以及增加保密信息或罕见信息的神秘感。

练 习

准备一篇演讲稿练习演说，并以影像录制，检视自己演说的优缺点。

优点

缺点

改进方式

第11章

挑战 英文演说

关键一　学习英文时，要具备的三大关键态度

不用讲出“完美”的英文，只要讲得正确、易懂即可。

关键二　灵活但不过度地使用修辞手法

运用常见的文学修辞手法，让演说更添趣味。

关键三　避免常见的语法、发音错误

列举几项常见的错误，事先练习时可多加留意。

> 虽然我们以中文为母语，英文为第一外语，只是在教育体制下，很多人对于用英文演说，还是充满恐惧。但在这个全球化的社会，用英文进行简短的演说，是势在必行的。在本书的最后一章，传授准备几个英文演说的注意事项。

在一场针对中学二年级学生举办的公开演说工作坊上，我问了一个问题："英语能力强的人会给你什么印象？"其中一位学生杰克举手回答："比起英语能力不那么强的人，我认为他更聪明、有说服力，而且更应认真看待。"听到杰克的答案，我接着问："所谓英语能力强应该具备哪些条件？"不少学员的答案很好，以下摘自他们的回应：

❶ **精准的发音与咬字**

❷ **词汇运用良好得宜**

❸ **语法正确**

❹ **使用文学修辞手法，为对话及演说增色**

我非常同意杰克及他的同学们提供的答案。成功的公开演说家有一重要特征，即精通英语，他的语言能力若能散发出智慧或权威等特质，便能赢得尊重与敬佩。在新加坡，有些演讲者喜欢混用英语与自己的方言或母语，最终形成我们所谓的“新加坡英语”。

若演讲者在合适的论坛能随意切换新加坡英语与正式英语，那便毫无问题，其实使用“新加坡英语”有助于加强与社会团体的联系，然而，许多演讲者之所以出现问题，主因在于他们无法适时地切换两种英语。

从小学、中学、初级学院到最后的大学阶段，我学习英语的教育历程很漫长，因此，我明白英语学习的所有重点不可能简单浓缩成一章的精华，可能得要多过一本书的篇幅才算得上全面。

尽管如此，我将在本章介绍学习精妙难解的英语应有的三大关键学习态度。接着，我会解释常用的文学修辞手法、重要性及应用方式。然后，我将重点说明需注意的常见英文错误。最后，我将重新列出一份常见发音及咬字错误的清单，我通常会将这份清单提供给公开演说工作坊的学员，以协助他们纠正过去累积多年的恶习。

关键一 | 学习英文时，要具备的三大关键态度

不用讲出“完美”的英文，只要讲得正确、易懂即可。

没有人的英文百分之一百完美

我在新加坡的一所小学担任代课老师时，刚好有机会与牙科护理师往来沟通，并从她的个人经验中搜集一些英语学习要点。

摘录片段

护理师：我到某个班级进行牙齿保健宣传时，在白板上用英文写了“每天刷牙才能清除牙菌斑（dental plaque）”，当时他们的英文老师全程站在教室后方，突然蛮横地走向白板，把“plaque”这个字擦掉，改成“plague（瘟疫）”，而且英文老师还对着全班耳提面命地说：“别听护理师的，她弄错了，应该是 dental plague，不是 dental plaque。”

我相当沮丧、愤慨，但是，我非常确定自己是对的，牙菌斑的英文应该是 dental plaque，不是 dental plague。

我：不好意思，护理师小姐，我可能弄错了，难道英文老师说得不对吗？你指的是累积在牙釉质上会滋生细菌的白色物质，对吗？

护理师：没错，我说的是牙齿表面会滋生细菌的白色薄膜。但是，正确的用语是“dental plaque”。文杰，我不怪你会搞错，多数人都不清楚哪个词才正确。

我：我所知道的是，“plaque（牌匾）”这个词是用于表示感谢服务而获得的奖牌；“plague（瘟疫）”则是指导致流行病或传染病的疾病传播。

护理师：你说得没错，文杰。但是，“plaque”这个词有两个意思，一是指奖牌，另一个意思是用于牙菌斑（dental plaque）这个词。不信的话，你可以查查字典。

我：（查过在线字典及桌上的字典后——我也想亲自仔细确认）没错，你是对的，护理师小姐。谢谢指教，今天新学到了一个用法，原来我一直都搞错了。

护理师：不用客气，文杰。你的学习态度很好，这才是我们学英文该有的态度，与其一味认为自己是对的，最好还是仔细查明，尤其是当搞错的人会造成原本对的人难堪时更该如此。

我：对，你说得没错，护理师小姐。谢谢你给我上了宝贵的一课。

由此可见，保持开放的心态，并且愿意接受指教相当重要。尽管一直以来认知错误的信息会令人吃惊或有所抗拒，一开始你可能会觉得不自在或尴尬，但我们应该努力接受建设性的意见，尝试接受改变。一旦态度正确，了解英语学习是一段永无止境的过程，而且没有人的英文是完美的，你将会感到如释重负，并享受学习过程。

➲ 文化差异可能会影响你理解与应用英语的方式

在特定地点使用英文，却不认真努力认识与理解他处的发展与文化，可能会导致沟通不良，或产生误会。为了说明我的重点，我重现了过去一场公开演说工作坊的片段，与我在2012年参与大学研讨会的个人经验相关。

摘录片段

有一位客座教授名叫“大卫·布斯塔（David Bustard）（注：‘Bustard’发音近似‘bastard’，英文中常用以称人‘混蛋’‘杂种’。）”（观众大笑），他戴了一副姓名牌，显眼地挂在脖子上，而且非常醒目地在胸前展示。（观众大笑）每位师生经过他身边时，都会停下脚步，心想着该如何称呼他。

我初次见到他是在研讨会会场，当时他正在向我的同伴讲述生物医学科学在现今世界的重要性。演讲途中，我举起手，准备问一个关于主题且心里亟需解答的问题——我指的是生物医学科学。（观众大笑）

我：不好意思，（我不想听来太冒犯，所以我说……）“布斯塔（[Booze] tard）”教授？（观众大笑）

> 他毫无反应，继续写着白板。（观众大笑）
>
> 我又再试一次。（观众大笑）
>
> 我：不好意思，“巴斯特（[Bus]turd）”教授？（观众大笑）
>
> 他仍旧毫无反应，继续写着白板。（观众大笑）
>
> 我决定尝试最后一次。这次，我准备干脆“豁出去”，直接念他的名字（用我以为的正确方式）。（观众大笑）
>
> 我：不好意思，“混蛋（[Bus]tard）”教授。（观众大笑）
>
> 我的发音听来就像你念“混蛋”这个字一样。（观众大笑）
>
> 教授此时转过身来，（他很敏锐地辨别出声音的来源）指着我说：“我的名字不是这样念的。”

各位先生、女士，我们都习惯把“bus（公交车）”这个词的发音念为 [buhs]。然而，在伦敦，公交车这项大众交通工具的发音不是 [buhs]，而是 [Booze]。（观众大笑）因此，他的名字应该念成布斯塔（[Booze] tard）教授。（观众大笑）

➲ 尽可能使用简单明了的英语，不必用华丽辞藻“惊艳”说话对象

中学时有一阵子，我认为使用“浮夸（grandiloquent）”“华丽（bombastic）”或被新加坡人称作很“深（chim）”的词，会让人印象深刻，觉得你的英文非常棒。外在影响也加深了我的这种错误认知，像是难以阅读而显得精深的法律文件、雄辩滔滔的比赛与辩论和电视剧等。

之后我才意识到，与他人沟通的最佳方式就是使用简单白话的英文。首先，如此可以减少与听话的一方沟通不良或发生误会的风险。再者，简单直白的英文可以展现你与他人沟通的诚意。由此可知，沟通媒介是建立融洽关系的管道，与他人产生联系，绝非是要人互较高下，表现错误的优越感。

如同第二种态度，下面我将重现过去公开演说工作坊的摘录片段，以显现大家普遍的问题。

摘录片段

去年我在一所小学代课，强尼是小学篮球校队的风云人物，他就读三年级。有一天，他来找我并问道：

强尼：戴老师，你能给我一个艰深的词汇，给教练留个好印象吗？（观众大笑）

我：最好的沟通媒介是简单明了的语言，无需任何华丽辞藻。你若想哗众取宠，很可能会惹上麻烦。与人沟通时，夸大其词不仅不理智，还可能导致沟通不良，甚至会让人愈来愈反感。

强尼：我受得住。（观众大笑）

我猜想强尼大概得自己得到教训才行。我认识他的教练，所以，便想了一个适合强尼使用的词汇，这样最后他就能学到宝贵教训了。

我：我要教你的词是“paraphernalia（用具）”，（观众大笑）意思是专业活动的设备。（观众大笑）现在你可以说“教练，我想自愿负责从储藏室拿运动用具（paraphernalia）”，不用说“教练，我想自愿负责从储藏室拿运动器材（equipment）”。

强尼：戴老师，谢谢。

当天下午，强尼跟教练说话时用了 paraphernalia。（观众大笑）

强尼：教练，我想自愿从储藏室领取运动用具（paraphernalia），可以吗？

教练：paraphernalia，（观众大笑）嗯……真是人小鬼大，（观众大笑）有人之前用过这个词了，下次再努力看看。（观众大笑）你可以帮忙拿运动器材，在那之后，你欠我十下俯卧撑。（观众大笑）

各位先生、女士，我想强尼确实得到了惨痛教训。和各位分享个好消息，因为记取教训的缘故，强尼在学习态度上进步许多，现在代表了学校的辩论校队参加全国小学辩论冠军赛。（观众大笑欢呼）

虽然使用简单明了的英文很重要，但并不意味着你不能用“paraphernalia（用具）”“quintessential（典型）”“enchiridion（手册）”“notwithstanding（尽管）”等艰深的词汇。在适当的场合面对适合的对象时，使用这些词汇完全没问题，取决于你的判断与个人经验。然而，最佳方针还是使用简单明了的英文，没人会因此就指责你或不尊重你。

❍ 关键二 | 灵活但不过度地使用修辞手法

运用常见的文学修辞手法，让演说更添趣味。

➲ 明喻（Simile）

定义

明喻是一种比较两种不同事物来显现主题特性的修辞方法，比较的方式通常使用“像”或“如”等词汇。

重要性/意义

希望准确地彰显主题的某种特性时，使用明喻非常有用，有助于理解。文学文本及演说大量运用了此种修辞法，因为明喻的丰富意味与创意连结，让观众可轻易联想到相关事物。

应用

① 你像云雀一般快乐。（You are as happy as a lark.）

②你像头牛一样壮。（You are as strong as a bull.）

③懊悔流窜我全身，有如冲开大坝闸门的汹涌河水。

（Remorse coursed through my entire being, like the rushing water in the river that has thrown the dam gates wide open.）

④贝拉的美貌吸引了同班同学，犹如狂风扫落叶一般令人心醉神迷。（Bella' s beauty attracts her classmates to her like leaves swooning in a raging tempest.）

➲ 隐喻（Metaphor）

定义

隐喻是一种利用共通特质将主题与类比对象连结的修辞法，类比对象表面上可能与主题毫无关联。例如，如果妻子跟你说“你是我的基石”，她并不是指你真的是地质上的石头，而是象征性的比喻。她利用了石头的特质，像是“稳固及有力”，来形容你是她的支柱。

重要性/意义

隐喻是说故事时可运用的重要文学修辞法，利用隐喻有助于实践“显而不说”的原则。隐喻可让观众利用自己的创意思维，自行联想；同时，此种修辞法也可节省时间，用词更具经济效益，无需使用成串的语句来解释一个概念。例如，你可以用“时间就是金钱”来强调时间的重要性，而非兜圈子似地证明以及解释你的重点。

应用

① 时间就是金钱。（Time is money.）

② 你是我的基石。（You are my rock.）

③ 你的话是射在我心上的子弹。（Your words are bullets to my heart.）

④ 爱情是盲目的。（Love is blind.）

⑤ 邪恶思想在我脑海游走。（The evil thoughts swam in my mind.）

➲ 拟人化（Personification）

定义

赋予静态物体人类特质的一种修辞法。

重要性/意义

回想一下 2001 年世界演讲冠军拉克洛斯说过的话：“以幽默贴近人心（Humorise to Humanise）”。运用拟人化，可将原本观众认为严肃或“无趣”的事物变得人性化。此种修辞法给予静态物体人类特质，使其充满生命力。

因此，观众对于主题会感到亲近、理解。

应用

①用来消灭奴隶的刀枪对于邪恶的加害者充满了厌恶和憎恨。

（The knives and guns that were used to annihilate the slaves screamed in sheer disgust and abhorrence at the nefarious perpetrators.）

② 扑克牌嘲笑着过去八小时一直坐在赌桌旁的赌鬼的憔悴神情，同时羞怯地盯着约翰。（The poker cards stared at John sheepishly as they mocked the haggard look of the gambling addict who had been sitting by the Casino table for the past 8 hours.）

➲ 三组排比（Power of three）

定义

将三个一组的字词排序与排列，以便于吸收及记忆。通常，三组排比的顺序具有各种形式：头韵（三个词汇的开头字母彼此押韵）、尾韵及类似意义的词组。

重要性/意义

三组排比有助于充分吸收及记忆演讲者传达的信息。

应用

① 吸引、娱乐、打动（Enthrall, entertain and engage.）

② 年轻、喜悦、美丽（Youthful, joyful and beautiful.）

③ 激怒、暴怒、狂怒（Enraged, furious and mad.）

④ 我们做得到；我们做得到；我们做得到（Yes we can; Yes we can; Yes we can.）

➲ 夸饰（Hyperboles）

定义

此种修辞法利用夸大的技巧来制造与主题相关的强烈印象或情绪，不应照字面意思理解。

重要性/意义

运用夸饰可吸引观众的情绪，对夸张的言词产生兴趣，利用上下文来诱导他们破解所用语句的涵义，以吸引观众投入演讲当中。

应用

① 如果得再度背他上二十四道台阶，我会累死。他超重！（I will die if I had to carry him up the 24 flight of stairs again. He weighs a ton!）

② 他的歌声非常尖锐，足以粉碎这栋房子的每道玻璃窗。（His singing is sharp enough to shatter every single window panes in this house.）

➲ 成语、俗谚及名言警句

定义

“成语”是一种光靠阅读字面无法得知其意的表达方式，可能不具有任何类似于所传达意义的特征。

“俗谚”是一种广为使用、通常有隐喻性质的短语或句子，有一定的道理或知识，集结从前智者学习的重点与经验。

重要性/意义

使用成语、谚语或名言警句，可使你的立论更有分量，对观众更具说服力。观众将可从自身的解读与经验来验证格言的真实性，因此能加以支持你提出的论点。

应用

成语

① 因祸得福（A blessing in disguise）

② 易如反掌（A piece of cake）

③ 祝您好运（Break a Leg）

④ 英雄所见略同（Great minds think alike）

⑤ 走漏风声（Let the cat out of the bag）

⑥ 莽莽撞撞（A bull in a china shop）

俗谚

① 木已成舟，覆水难收（No use crying over spilled milk）

② 欲速则不达（Haste makes Waste）

③ 诚实为上策（Honesty is the best policy）

④ 和颜悦色，以礼待人（You can catch more flies with honey than with vinegar）

名言警句

① 别问国家能为你做什么，而是你要为国家做什么。（Ask not what your country can do for you but what you can do for your country）——肯尼迪总统（John F Kennedy）

② 若你天生注定与众不同，何苦努力适应。（Why try so hard to fit in,

when you are meant to stand out ）——匿名

③ 能力愈大，责任愈大。（With great power comes great responsibilities）——匿名

④ 我有一个梦想。（I have a dream）——马丁·路德·金博士（Martin Luther King Jr）

⑤ 幸福并非毫无困难，而是排除万难。（Happiness is not without problems, but in spite of problems）——马修斯（Andrew Matthews）

○ 关键三 | 避免常见的语法、发音错误

列举几项常见的错误，事先练习时可多加留意。

➲ 常见语法错误

1. 主语动词一致性（Subject-verb Agreement）

这是演讲者最常犯的语法错误，例如："My classmates, who are boisterous, has the audacity to throw their chairs at the school counselor.（我的同学们非常喧闹，竟然有胆把椅子丢向学校辅导员）"。因为主语为复数，这里的动词应该要用"have"，而不是"has"。

2. 现在及过去时态（Present and Past tenses）

演讲者很容易犯的错误还有不注意特定情境的正确时态。例如，常见情况是，演讲者在叙述过往的个人经验时，使用现在时态。

3. 动词词组（Phrasal verbs）

这是英文语法最难以掌握的其中的一部分。找一位语言讲评者协助留意你的英文，并建议改善方法，这点很重要。或者，选择用散文把讲稿誊写出来，请人帮你检查语法是否有误。微软的Word程序内含拼字及语法检查软件，通常会预先检查。

像在描述反胃的情况时，应该说“I threw up this morning（我今天早上吐了）”，而不是“I threw out this morning”。

4. 可数及不可数名词（Countable and Uncountable nouns）

诸如“luggage（行李）”“baggage（包袱）”“furniture（家具）”“equipment（设备）”和“electricity（电力）”等词汇最后都不加“s”表复数形式。这些单词无论单复数形式都保持不变。

➲ 发音咬字

1. 发音

admirable ['ædmərəbl]（形容词）值得赞扬的；极好的

albeit [ˌɔːl'biːɪt]（连接词）尽管；虽然

appreciate [ə'priːʃieɪt]（动词）欣赏；感谢；体会；鉴别

beach [biːtʃ]（名词）海滩；海滨（动词）将船拖上岸

⇨一定要记得中间拖长音，否则听起来会很失礼

colleague ['kɑliːg]（名词）同事（动词）联合

confident ['kɑnfɪdənt]（形容词）确信的；有自信的

content ['kɑntɛnt]（名词）内容

content [kən'tɛnt]（名词）满足（形容词）满足的（动词）满足

Corp. [kɒp]（名词）公司（= corporation 的缩写）

creativity [ˌkriːeɪ'tɪvəti]（名词）创造力

debt [det]（名词）债；借款；情义 ⇨"b"不发音

democracy [dɪ'mɒkrəsi]（名词）民主；民主国家；名众

demonstrate ['demənstreɪt]（动词）证明；显示；游行示威

education [ˌedʒu'keɪʃn]（名词）教育；培养；训练

entrepreneur [ˌɒntrəprə'nɜː(r)]（名词）企业家

envelope ['envələʊp]（名词）信封；外壳

excited [ɪk'saɪtɪd]（形容词）兴奋的；激动的

facade [fə'sɑːd]（名词）建筑物正面；外观

flour ['flaʊə(r)]（名词）面粉（动词）洒粉

gesture ['dʒestʃə(r)]（名词）姿势；手势（动词）做手势

liaise [li'eɪz]（动词）取得联络

moral ['mɒrəl]（形容词）道德的；精神上的（名词）道德；品行

nonchalant ['nɒnʃələnt]（形容词）漠不关心的；冷静的

ophthalmologist [ˌɒfθæl'mɒlədʒɪst]（名词）眼科医生

opportunity [ˌɒpəˈtjuːnəti]（名词）机会

photographer [fəˈtɒgrəfə(r)]（名词）摄影师

presentation [ˌpreznˈteɪʃn]（名词）赠送；显示；图像

project [prəˈdʒekt]（动词）计划；企划；投射

project [ˈprɒdʒekt]（名词）方案；计划

rendezvous [ˈrɒndɪvuː]（名词）约会；会合（动词）约会；会面

salmon [ˈsæmən]（名词）鲑鱼；鲑肉色（形容词）鲑肉色的 ⇨"l"不发音

schedule [ˈʃedjuːl]（名词）清单；行程表（动词）列表；列入计划

substantive [səbˈstæntɪv]（形容词）坚固的；大量的

subtle [ˈsʌtl]（形容词）微妙的；纤细的；精巧的；狡猾的 ⇨"b"不发音

success [səkˈses]（名词）成功；成就

⇨请记住，"success"一点也不"suck（糟）"，所以不念[suck]ses

synopsis [sɪˈnɒpsɪs]（名词）概要；对照表

tuition [tjuˈɪʃn]（名词）讲授；教学；学费

university [ˌjuːnɪˈvɜːsəti]（名词）大学

vehement [ˈviːəmənt]（形容词）感情激烈的；猛烈的

yacht [jɒt]（名词）快艇（动词）驾快艇

2. 咬字

词汇	评论
treat	结尾辅音“t”经常被忽略，必须清楚发音。
treats	最后两个辅音“t”和“s”必须清楚发音。
three	“th”经常被忽略，需要清楚发音。诀窍在于伸出舌头制造声音，同时将舌头缩回口腔。
threat	“th”的音及结尾辅音“t”需要清楚发音。
audience	最后“s”的音不应忽略，以“ce”结尾的词通常需要发“s”的音，如：patience（耐心）、perseverance（决心）和confidence（信心）。
thank	结尾的“k”需要清楚发音。
wished	结尾的“ed”需要清楚发音，与第一个音节保持连贯。
desolated	结尾“ed”需要作为单独音节清楚发音。
fill	重复的辅音结尾“ll”需要清楚发音，诀窍在于确保你的舌头最后结束时碰触上颚，把舌头向上卷，往你的喉咙方向移动发声。
walking	“ing”一定要清楚发音。

➲ 短语／语句－新加坡英语用法

问题 1

“I went to cut my hair”“我去剪了头发”

建议 / 评论 1

若你说“I cut my hair today（我今天把头发剪了）”，字面意思是你拿了一把剪刀，然后自己剪了自己的头发。

如果想描述你今天去了当地发廊剪头发，正确说法应该是“I went for a hair cut today（我今天去剪了头发）”。

问题 2

“today is my off day”“我今天休假”

建议 / 评论 2

“off day”其实是新加坡英文，想表明你今天不用工作，正确说法应该是

"Today is my day off"。

问题3

何时该用"that"或"which"？

建议/评论3

全球的语法家倡导限定从句用"that"，非限定从句用"which"。

限定从句用于改变或限制特定名词的特性，通常是主语，例如："The house that was next to Hougang Mall went into flames last night（后港百货旁边的房子昨晚失火了）"。

"that"用来指出"后港百货旁边"的信息，这个信息限制了"房子"是在靠近百货公司的地方，那不是任何其他房子，而是紧邻后港百货的特定房子。因此，用"that"限制了指涉的名词，表明失火是后港百货旁边的房子，而非新加坡的任何其他房屋。

"which"这个单词用于非限定从句，通常用于补充额外信息，用法有如"顺带一提"，为特定名词提供更多详细信息。例如，"My computer, which has a storage space of 10 GB, needs a new keyboard now（我的电脑有10 GB的储存空间，现在需要新键盘）"，which与后面连接的从句通常放在前后两个逗号之间。

问题 4

“Hi John, I am travelling in the bus”“嗨，约翰，我在坐公交车”

建议 / 评论 4

坐公交车、火车或飞机，正确的介词用法应该是“I am on...”。坐汽车的话，正确用法是说“I am in...”。

英文领域的专家与语法家对此提供了一些说明。其中一个原因是，若你搭乘某种交通工具时得往上走，像是火车或公交车，那么正确用法是说“I am on...”；不过，若是往下走，像是汽车，那么应该使用“I am in...”。

问题 5

“I am surfing Internet now, Mum”“妈妈，我正在上网”

建议 / 评论 5

“Internet”前面应该加上定冠词“the”，因此，正确说法应该是“I am surfing the Internet”。

问题6

“I won you at DOTA”. “我的DOTA打赢你了”

建议/评论6

让人困惑之处在于何时要用“win”，何时用“beat”。

说到竞赛或联赛时，使用“win”；说到打败对手时，使用“beat”。

因此，此处较为恰当的说法应该是：

“I won the District 80 Table Topics Speech Championship in 2012”.（我赢了2012年80区即席演讲冠军赛）

“I beat the World No.1 in Tennis at this year’s Wimbledon”.（我在今年的温布尔登网球打败了世界第一的选手）

问题7

“in time（及时）”与“on time（准时）”有何差异？

建议/评论7

使用“in time”时，表示离邀请卡或节目单的规定时间还有剩余时间。

例如，若晚宴七点半开始，而你七点十五分抵达，那么就是“you are in time for the dinner（及时赶上晚宴）”。

若你在指定时间七点半才到，那么就说“I am on time（我准时抵达）”。

问题 8

“lie（躺卧）”跟“lay（放置）”有何不同？

建议/评论 8

“lay”是及物动词，表示动词后面接直接受词，从行为者（主语）移动，触及并移动直接受词，例如：

I	lay	the hamster on the ground（我把仓鼠放在地上）
主语	及物动词	导致受词对象移动或移动受词对象

另一方面，“lie”是不及物动词，后面不接直接受词。这表示你不能说“I lie something（受词）down on the floor（我把某物放在地上）”。“lie”的使用例句为“I lie down on my bed（我躺在床上）”。

“lay”的过去式是“laid”，“lie”的过去式则是“lay”。

以下为其他需注意的一般重点：

① 使用各种句子结构，如简单与复杂的句子，让演说更精彩。

② 切记每次都要校对你的句子，确保没有拼写错误或明显的句子结构错误。找其他人帮忙校对讲稿，并提供建议，将大有助益。

③ 避免使用多个连接词或标点符号连接句子，导致句子过长。将长句分成几个短句，有助于清楚表达。

④ 避免使用太过口语的词汇或短语，有些读者可能无法理解，若你必须使用口语词汇或短语来制造效果，请注意，记得解释词语的含义。将解释的句子括号，并放在口语词汇或短语旁边。

练 习

选择一篇英文短文，试着练习演说。